# Wolfgang Hering

# Kunterbunte Fingerspiele

## Fantastisch viele Spielverse und Bewegungslieder für Finger und Hände

### Illustrationen: Kasia Sander

Ökotopia Verlag, Münster

# Impressum

| | |
|---|---|
| **Autor:** | Wolfgang Hering |
| **Illustrationen:** | Kasia Sander |
| **Satz:** | Hain-Team, Weimar |
| **Herausgeber:** | BBS – Buchwerk Bernhard Schön, Idstein |

© 2006 Ökotopia Verlag, Münster

2  3  4  5  6  7  8  9  •  12  11  10  09  08  07  06

**ISBN:** 3-936286-98-1
**ISBN:** 978-3-936286-98-4

Zu diesem Buch gibt es die
**CD Kunterbunte Fingerspiel-Lieder**

**ISBN:** 3-936286-99-X
**ISBN:** 978-3-936286-99-1

# Inhalt

# Vorwort

## Die kleine Bühne der Hände

Schon die ganz kleinen Kinder sind fasziniert von ihren Händen und Fingern: Sie bewegen sich, können von mir selbst bewegt werden – sie spreizen, krümmen, öffnen, schließen sich und spielen miteinander. Hände sind ein wunderbares Spielzeug, das immer einsatzbereit ist. Und bald darauf dienen die Hände dazu, erste kleine Rollen auszuprobieren. Mama und Papa machen es vor: Schnell verwandelt sich eine Hand in das Maul eines Krokodils, das Dach eines Hauses oder in den Kopf einer kleinen Maus. Es gibt kaum ein Kind, das nicht auf solche Spielangebote der Eltern oder eines anderen Erwachsenen eingeht.

Fingerspiele sind bei Kind und Erwachsenem auch deshalb so beliebt, weil beide sich intensiv miteinander beschäftigen, Erwachsene wenden sich dem Kind zu. In der spielerischen Interaktion wird persönliche Nähe aufgebaut, drückt sich grundlegende Geborgenheit aus. Es ist wohl vor allem diese liebevolle, individuelle Berührung, die die Kinder bei einem Spiel zu zweit mit dem Erwachsenen genießen. Später, in der Kinderrunde, kommt das Erlebnis gemeinsamen Spiels dazu. Die Kinder können sich gegenseitig „ihre" Fingerstücke vorspielen, sie regen sich an und erfinden neue Szenarien.

Es ist tatsächlich eine kleine Bühne, die da ohne großen Aufwand geöffnet wird: Die Akteure – Finger, Hände oder auch ein ganzer Arm – können Theater machen: sich verbeugen, sich strecken, sich sogar mit Fingerpuppen verkleiden; im Licht als Schattenwesen durchs Zimmer tanzen; trommeln, klopfen und klatschen. Sie können zärtlich sein: kribbeln, krabbeln und streicheln. Die Kinder können ihre Finger hören, sehen, fühlen, riechen, schmecken.

Zum Spielerischen kommt die Bewegung: Das Kind lernt, seine Finger anzufassen und zu koordinieren, die Bewegungen der Hände aufeinander abzustimmen und schließlich, seine Umwelt damit zu „be-greifen". Wir wissen, dass Sprache durch Bewegung lebendig wird und sich dadurch auch besser behalten lässt. Spiele mit Fingern und Händen sind dafür besonders gut geeignet.

Früher war es gang und gäbe, dass Eltern und Großeltern ihren Sprösslingen Fingerspiele vorgestellt haben. Noch in den fünfziger Jahren des 20. Jahrhunderts wurden viele Bücher mit Fingerversen veröffentlicht. Neben den zahlreichen überlieferten Fingerspielen wie z. B. „Himpelchen und Pimpelchen" oder „Das ist der Daumen" entstanden in dieser Zeit viele neue Stücke. Zwei Autorinnen sind hier vor allem zu nennen: Tilde Lorenz und Elfriede Pausewang. Wie mir ältere, erfahrene Erzieherinnen berichteten, war es seit Beginn der 1970er Jahre eher verpönt, solche einfachen Kinderverse und Bewegungsspiele in der Gruppenarbeit einzubringen. Erst in den letzten Jahren beobachten wir eine Renaissance des Fingerspiels, nun begründet mit modernen pädagogischen Zielsetzungen.

# Einheit von Sprache und Bewegung

Das Faszinierende an den Fingerspielen ist die Einheit von Sprache und Bewegung. Die Darstellung beschränkt sich auf den Raum vor dem Körper und ist somit sehr überschaubar. Fingerspiele kommen damit der Auffassungsgabe der Kleinsten entgegen. Nebenbei werden sprachliche, sensomotorische und soziale Fähigkeiten gefördert.

Das Zusammenspiel von Augen und Händen, das Greifen klappt mit der Zeit immer besser. Jedes Fingerspiel, aber auch jedes Streicheln und Kitzeln der Hände ist ein wichtiger Impuls für das Nervensystem und bringt ein Kind so auch in seiner Entwicklung ein Stück weiter. Nach und nach wächst die Freude an Sprache – aus dem Brabbeln und Lallen sind verständliche Silben und bald ganze Sätze geworden, die mein Gegenüber versteht. Eine ganz neue Welt hat sich aufgetan. Auch hier mögen Kinder das Spielerische, seltsame Wörter und Wortkombinationen, lieben komische Geschichten und entwickeln bald genügend Fantasie, aus vorgegebenen Spielen eigene Ideen zu entwickeln.

Fingerspiele geben Anregungen auf besonders altersgemäße Weise. Auch Kinder mit geringeren Sprachkenntnissen zeigen im Fingerspiel die elementare Freude dieser Altersgruppe an Sprachklang und Sprachrhythmus. Die Worte lassen sich leicht merken, der Reim vermittelt Sicherheit und wesentliche Lernimpulse, Rhythmus und Takt geben die Struktur vor, an der sich Kinder orientieren und „festhalten" können.

Fingerspiele tragen dazu bei, die Feinmotorik der Hände zu entwickeln. Ebenso sind Konzentration und Geschicklichkeit gefragt. Die klare, verständliche Handlung ermöglicht es den Kindern, kleine Stücke leicht nachzuspielen. Und: Viele Fingerspiele verschaffen einen ersten Einblick in die Welt der Zahlen. Die Texte bewegen sich im Zahlenraum von eins bis zehn.

Die Kinder erhalten immer die Gelegenheit, beim „Handtheater" mitzumachen. Die Verse haben meist eine rhythmische Struktur und sind deshalb leicht zu wiederholen. Die Texte werden zum Teil frei gesprochen, oder sie beziehen sich auf einen regelmäßigen Impuls wie z.B. bei den Abzählversen. Wichtig ist, dass die Erwachsenen auch ein Gefühl für das Zusammenspiel von Sprach- und Bewegungsrhythmus bekommen. Besonderes Augenmerk sollte auf die rhythmisch-musikalische Seite der Fingerspiele gelegt werden.

# Die sprachliche Seite der Fingerspiele

Der Gleichklang der Wörter erzeugt einen Rhythmus. Kinder erleben die Muttersprache erst als Klang und Hörkulisse. Dann beginnen sie nachzuplappern und schließlich, erste Wörter und kleine Sätze zu bilden. Wichtig ist mir, dass dabei – auch im Interesse der Sprachförderung – weitgehend korrektes Deutsch verwendet wird und dass die (End-)Reime stimmen. Es ist sicherlich nicht immer möglich, diesen Anspruch zu realisieren. Manchmal entsteht der Wortwitz gerade durch eine Textidee mit nicht ganz „sauberen" Reimen und Satzstellungen. Trotzdem sollte die Wortwahl meiner Meinung nach möglichst zeitgemäß sein. Der Vers „Geht ein Männlein den Berg hinauf, klopfet an" lässt sich auch so texten: „klopft dort an" oder „und klopft an". Im schlecht gereimten Vers tauchen eigenartige Silben auf, oder Wortendungen verschwinden einfach: Auf „los" reimt sich „Hos". Es wird nicht selten ein langer Vokal auf einen kurzen gereimt, z. B. „Füßchen" auf „Küsschen" oder „Plan" auf „kann". In einem bekannten Regenvers reimt sich auf „Spaß" dann „nass". Oder eine Stelle aus einem verbreiteten Fingerspiel: „Fünf Männlein sind in den Wald gegangen. Das erste, das war so dick wie ein Fass, das brummte immer ‚Wo ist der Has'?" Es gibt zwei Probleme mit diesem letzten Reim: einmal den ungleichen Vokalklang; zum zweiten heißt es ja Hase und nicht Has. Wer das aufsagt, wird dann leicht dazu gebracht, die Silben falsch auszusprechen. Weniger störend wird der Endreim eines weichen und eines harten Konsonanten empfunden, etwa „t" auf „d", z. B. „kalt" auf „Wald". Eine Rolle spielt auch, ob der Reim direkt in der nächsten Zeile kommt oder erst etwas später.

Ein weiteres Kapitel ist die Satzstellung, dann steht das Verb wegen des Reims an der falschen Stelle, z. B. „Wie das Fähnchen auf dem Turm, sich kann drehn bei Wind und Sturm …" Zu vermeiden sind auch komisch klingende Verniedlichungen, z. B. Tierlein, oder Doppelungen, z. B. „kleine Krümelchen". Natürlich kann das passieren, aber ich möchte Ihre Aufmerksamkeit darauf lenken, die Texte möglichst verständlich zu formulieren, sich um saubere Grammatik zu bemühen und vollständige Sätze zu benutzen.

Ich habe aus diesen Gründen einige überlieferte Fingerspiele, die Sie vielleicht anders kennen, sprachlich etwas verändert. Manchmal habe ich die Zeit vereinheitlicht; das aufgezeichnete Stück geht z. B. in der Gegenwart los und in der Vergangenheit weiter und wechselt noch mal in den Präsenz. Altertümliche Wörter habe ich übersetzt, sie sozusagen entstaubt und moderner getextet.

Diese Genauigkeit mag manchem übertrieben vorkommen. Der Hintergrund ist der, dass Kinder sehr viel mehr behalten, als allgemein angenommen wird. Achten Sie darauf, dass der Text flüssig gesprochen wird und keine holprigen Betonungen entstehen.

## Fingerspiele und Rhythmik

Nicht alle Fingerspiele haben eine regelmäßige Form, Lieder in der Regel schon. Beim gesprochenen Wort habe ich oft mehrere Möglichkeiten der Phrasierung. Dadurch wird die Sprache strukturiert. Für viele Kinder ist das eine gute Hilfestellung, die Sätze zu verstehen und nachzuvollziehen. Der durchgehende Impuls, z. B. vier Betonungen in einer Zeile, ist sozusagen eine zweite Ebene, die die Sprache trägt. Eine andere (freiere) Rhythmik besteht darin, dass die Finger nacheinander an die Reihe kommen. Auch wenn ich frei spreche, merken die Kinder sehr schnell die (unausgesprochene) Regel, dass ein Finger (z. B. der Daumen) beginnt und dann eine Abfolge eingehalten wird.

Wenn ein Fingerspiel eine regelmäßige Form hat (z. B. die Zeilen gleich lang sind), können Sie beim mehrmaligen Aufsagen versuchen, den Rhythmus des Textes durchzuhalten. Die Kinder merken sich dann den Text beim Wiederholen viel besser, und es fällt ihnen leichter mitzusprechen.

Eine wichtige Rolle spielen die Betonungen. Viele Verse, die sich auch rhythmisch aufsagen lassen, sind in diesem Buch mit betonten Silben hevorgehoben – sie werden fett gedruckt. In der Regel habe ich mich an der realen Aussprache orientiert, also statt „sehen" heißt es dann „sehn".

## Inhalte der Fingerspiele

Fingerspiele gibt es sicherlich in allen Kulturen. Sie handeln meist vom direkten Erfahrungsraum der Kinder. Entweder beschäftigen sie sich mit den Körperteilen, behandeln bekannte Tiere aus dem Umfeld des Hauses wie Katzen, Hunde oder Mäuse, benennen Speisen und Getränke oder greifen jahreszeitliche Themen wie Schneefall, Regen oder Sonnenschein auf. In vielen Stücken geht es um die Natur. Erst neuere Verse nutzen das moderne Vokabular heutiger Kinder.

Es gibt viele traditionelle Stücke, die von einer vergangenen Zeit handeln. Einige drohen mit der schwarzen Pädagogik, sie machen den Kindern Angst. Wir kennen das aus dem „Struwwelpeter". Dieser Ton taucht auch in alten Fingerspielen auf. In einigen Versen werden Bezeichnungen benutzt, die wir heute als diskriminierend empfinden: „Wer kommt denn da, ein Negerkönig aus Afrika …"
Klar ist, dass es auch Tod und Gewalt im Fingerspiel gibt. Trotzdem sollte es nicht zu brutal zugehen. Deshalb habe ich dafür gesorgt, dass es möglichst ein Happyend gibt.

## Zur Didaktik der Fingerspiele

Sie können die Fingerspiele unterschiedlich in Szene setzen. Möglich ist: Sie stellen das Stück vor; die Kinder versuchen, Ihre Bewegungen direkt zu imitieren. In einem zweiten Durchgang machen die Kinder dann eigenständiger mit. Oder Sie setzen die Vorgabe als Partnerspiel um, z. B. einzelne Elemente, etwa ein Baum, wird von dem Kind dargestellt. Ein Erwachsener fasst die Finger nacheinander an, das sind dann die Äpfel.

Sie sollten die Fingerspiele nicht zu oft einsetzen, also z. B. fünf Stücke hintereinander aufsagen. Aber immer mal wieder – zu jeder passenden Gelegenheit. Sie bieten eine willkommene Abwechslung zum Singen oder Vorlesen einer Geschichte.

Interpretieren Sie die Texte mit ihrer Stimme. Lassen Sie Pausen, und wiederholen Sie nach Bedarf einzelne Textstellen. Sprechen Sie bestimmte Passagen geheimnisvoll, komisch oder auch beruhigend. Legen Sie eine Spannung in das Ende. Unterstützen Sie ihr Handtheater durch Ihren Gesichtsausdruck.

Das Aufsagen gesprochener Fingerspiele kommt auch denjenigen entgegen, die Probleme mit dem Singen haben, z. B. wenn Sie Kinderlieder im Vergleich zur hohen Kinderstimme meist zu tief anstimmen. Mit dem gesprochenen Wort können Erwachsene und Kinder leicht eine gemeinsame Plattform finden. Sie können im Echoverfahren Sätze der Kindergruppe vorsprechen, und alle wiederholen dann direkt.

Wenn Sie ihren Kindern ein neues Fingerspiel vorstellen wollen, schlage ich Ihnen vor: Schreiben Sie es groß auf ein Blatt, und probieren Sie es mehrmals aus. Achten Sie auf den Klang der Wörter und den Rhythmus der Sätze. Fragen Sie die Kinder nach eigenen Ideen. Verändern Sie die Texte nach Ihrem Geschmack. Wenn Sie mehrmals das Fingerspiel ausprobiert haben, dann kommt der Punkt, wo Sie es auswendig können.

# Hinweise zu diesem Buch

Es ist eine Herausforderung, sich auf das Einfache zu beschränken. Viele Eltern tendieren dazu, ihre Kinder zu überfordern. Sie sind ungeduldig, wollen möglichst schnell Ergebnisse sehen und halten es oft nicht aus, wenn ihre Kinder sich ausprobieren und einige Zeit zur eigenständigen, erfolgreichen Aktion brauchen. Manchmal bekomme ich in meinen rhythmischen Gruppenstunden folgende Rückmeldungen: „Warum machen Sie so viele Wiederholungen?" „Können Sie das nicht flotter machen?" Ich kann Ihnen aus meiner langjährigen Erfahrung in der Arbeit mit kleinen Kindern nur raten, sich auf möglichst kurze Stücke mit einfachem Bewegungsablauf zu beschränken. Und ich bin mir sicher, dass Sie schon früh eine gemeinsame Verständigungsebene mit Ihrem Kind gefunden haben. Schließlich sollen sich die Großen auf die Kleinen einstellen, nicht umgekehrt.

In vielen Kindergärten werden mittlerweile Zweijährige aufgenommen. Alle Welt spricht von Bildung von Anfang an. In der gesamten Zeit von 0 bis 10 Jahren soll gelernt werden. Insbesondere der frühen Kindheit kommt eine große Bedeutung für den späteren Lernerfolg zu. Da bieten sich Fingerspiele als wunderbare Möglichkeit an. Einsatzmöglichkeiten der Fingerspiele sind neben Kindergarten und Schule die musikalische Früherziehung, Sprachförderungs-programme, Eltern-Kind-Gruppen, Deutsch als Fremdsprache und Einzeltherapie.

Für dieses Buch habe ich Fingerspiele in dreizehn thematischen Kapiteln geordnet. So finden Sie das passende Fingerspiel (fast) für jeden Anlass. Viele Stücke sprechen für sich und müssen nicht näher erläutert werden. Einige Spiellieder, die rund um die Hände kreisen, ergänzen die Sprechstücke. Wenn sie mit einem CD-Symbol versehen sind, können Sie die Lieder auf der ebenfalls bei Ökotopia erschienenen CD hören (s. S. 122).

Viele Fingerspiele habe ich während der letzten Jahre bei meinen Fortbildungen gesammelt. Sollten Stücke dabei sein, die ein nicht aufgeführtes Copyright haben, bitte ich um die Mitteilung, wer das Stück geschrieben hat, am besten per E-Mail: Wolfhering@aol.com.

Die Spielanregungen beschränken sich auf das Wesentliche und sind als Vorschläge zu verstehen, die natürlich auch abgewandelt werden können. Meist sind andere Varianten möglich. Passen Sie die Stücke der Jahreszeit und Ihrer Gruppensituation an.

Nehmen Sie diese Sammlung als Material, und bereichern Sie ihre Zeit mit den Kindern durch das wunderbare Spielangebot der Finger und Hände. Dabei wünsche ich Ihnen und den Kindern viel Spaß.

# 1. Meine kleine Welt zu Hause

## Als ich eins war

*Wolfgang Hering*

**Als** ich **eins** war, **war** ich **klein**
und **mach**te **in** die **Win**del **rein.**
Und **als** ich **zwei** war, **Schritt** für **Schritt,**
da **redete ich** schon **rich**tig **mit.**
Dann **war** ich **schnell** drei Jahre **alt**
und **ging** zum **Kin**dergar**ten bald.**
Und **als** ich **vier** war, **das** war **grell,**
da **lief** ich **wie** ein Hase **schnell.**
Nun **bin** ich **fünf,** wie **sag** ich's **bloß,**
ihr **seht,** ich **bin** schon **rich**tig **groß.**
Und **wenn** ich **sechs** bin, **das** ist **fein,**
dann **komm** ich **in** die **Schu**le **rein.**

*Die Kinder zeigen gerne ihr Alter mit den Fingern. Hier können sie schon die Kinderzeit bis zum sechsten Lebensjahr darstellen. Dieses Stück bietet sich besonders für den Kindergarten an.*

## Meine Finger sind noch klein

Meine Finger sind noch klein,
müssen sich recken,
müssen sich strecken,
müssen sich regen,
sich bewegen.
Und sind sie mal groß,
dann laufen sie los.

*Beide Hände in die Luft halten, dann nach verschiedenen Seiten ausstrecken. Am Schluss auf die Oberschenkel patschen.*

## Das ist der Vater

Das ist der Vater lieb und gut.
*Den Daumen bewegen*
Das ist die Mutter mit dem Hut.
*Den Zeigefinger drehen*
Das ist der Bruder, noch sehr klein.
*An den Mittelfinger greifen*
Das wird wohl die Schwester sein.
*Der Ringfinger tritt auf*
Das ist das Baby klitzeklein.
*Mit dem kleinen Finger wackeln*
Das soll die ganze Familie sein.
*Mit der ganzen Hand zappeln*

## Wo ist der Kleine?

Der Dicke ist auf dem Fußballplatz,
der Dünne radelt seit Stunden,
der Lange sucht sich einen Schatz,
der Kurze ist einfach verschwunden.
Der Kleine, der ist ganz allein
und fängt ganz furchtbar an zu schrein.
Das hörn die andern, ist doch klar,
und alle sind gleich wieder da.

*Mit dem Daumen geht es los. Die andere Hand
fasst den jeweiligen Finger an. Zum Schluss wird
die ganz Hand wieder hochgestreckt.*

## Liebe Daumen, wacht auf

Wolfgang Hering

Hallo, meine beiden Daumen,
guten Morgen, wacht auf.
Jetzt müsst ihr mal aufstehn,
ihr seid doch wohlauf?
*Beide Daumen werden hochgestreckt*
Springt aus euren Betten,
ich zähle bis drei,
*Mit den Fingern mitzählen*
streckt euch in die Höhe,
die Nacht ist vorbei.

Den Schlafanzug aus,
*Pantomimisch abstreifen*
die Kleider husch, husch.
Ihr klatscht in die Hände
den Wachmachertusch.
*Alle klatschen mit*
Schaut mal in den Spiegel,
geht nah ran, ganz dicht,
*Eine Hand wird zum Spiegel, der Daumen
schaut hinein*
noch guckt ihr verschlafen,
nun wascht das Gesicht!

Zum Frühstücken kommt ihr,
es gibt dort Kakao.
*Eine Hand wird zur Tasse*
Danach Zähneputzen,
das wisst ihr genau.
*Entsprechende Putzbewegungen*
Streckt euch noch mal richtig,
*Arme in die Luft*
wie jeder es mag.
So wird es ganz sicher
ein herrlicher Tag.
*In die Hände klatschen*

## Rumpelstilzchen – Pumpelstilzchen

**Rum**pel**stil**zchen – **Pum**pel**stil**zchen
**hat** ein **Näs**chen, **hat** ein **Münd**chen
**ganz** genau wie **un**ser **Kind**chen.
**Rum**pel**stil**zchen – **Pum**pel**stil**zchen
**hat** zwei **Ar**me, **hat** zwei **Bei**ne
**ganz** ge**nau** wie **uns**re **Klei**ne.
**Rum**pel**stil**zchen – **Pum**pel**stil**zchen
**und** hat **auch**, nach Adam **Riese**,
**hier** zwei **Hän**de, **da** zwei **Füße**.
**Komm**, wir **kit**zeln **es** ein **biss**chen,
**auf** die **Hand** (den **Bauch**) kommt
**noch** ein **Küss**chen.

*Die Körperteile werden von den
Kindern selbst kurz berührt, oder
sie bewegen sie selbständig. Für ein
Eltern-Kind-Paar: Jeweils die ge-
nannten Körperteile antippen oder anfassen bzw.
hochheben, zuletzt ein
Küsschen geben.*

## Fünf Brüder

Fünf Brüder sagen: „Alles Gute!"
Sie sind stets bei frohem Mute.
Der erste kommt mit schnellem Schritt
und bringt dir einen Kuchen mit.
Der zweite gibt dir einen Kuss
und schenkt dir eine Kokosnuss.
Der dritte malt noch schnell ein Bild:
ein Ritter auf dem Pferd mit Schild.
Der vierte lacht: „Hoho, hoho."
Er ist heut ganz besonders froh.
Der fünfte sagt: „Kommt, singt jetzt mit,
das wird bestimmt ein großer Hit!"

*Ein schönes Fingerspiel zum Geburtstag. Erst
wird die ganze Hand in die Luft gestreckt. Dann
können Sie mit dem Daumen oder dem kleinen
Finger beginnen. Danach wird gemeinsam ein
Lied gesungen.*

## Der Knubbel

Sieh dir mal den Knubbel an,
was der Knubbel alles kann:
*Der Daumen stellt den Knubbel dar*
freundlich mit dem Kopfe nicken,
*Der Daumen wackelt mit dem „Kopf"*
kurz mal in die Nase blicken,
*Der Daumen des Erwachsenen wendet sich dem*
*Kind zu und schaut in die kleinen Nasenlöcher*
dir mal in die Ohren zwicken

*Daumen und Zeigefinger zwicken das Kind*
*sanft ins Ohr*
und auch „Guten Morgen" sagen.
*Der Daumen umrundet die Augenhöhlen.*
Groß dann übers Wetter klagen,
*Der Daumen tippelt aufgeregt über die Stirn*
„Hast du gut geschlafen?" fragen
*Der Daumen zupft an der Unterlippe*
und dich aus dem Bette jagen.
*Der Daumen kitzelt das Kind hinterm Ohr-*
*läppchen*

## Mein Häuschen

Mein Häuschen steht nicht ganz gerade,
*Mit Händen wird ein schiefes Dach gezeigt*
das ist aber schade.
Mein Häuschen steht ein bisschen krumm,
*Ein schiefes Haus andeuten*
das ist aber dumm.
Hui, es bläst der Wind hinein,
und plumps, da fällt das Häuschen ein.
*Die Hände purzeln durcheinander*

## Lied: Hallo, liebe Finger

*Text/Musik: Wolfgang Hering*

Hal- lo, lie-ber Dau-men, ich sag dir „Gu-ten Tag". Du brauchst gar nichts zu sa-gen. Du

nickst nur, wenn ich frag. Bist du aus-ge-schla-fen, ver-beug dich, hab nur Mut. Mein

lie-ber gu-ter Dau-men, wir zwei ver-stehn uns gut, wir zwei ver-stehn uns gut.

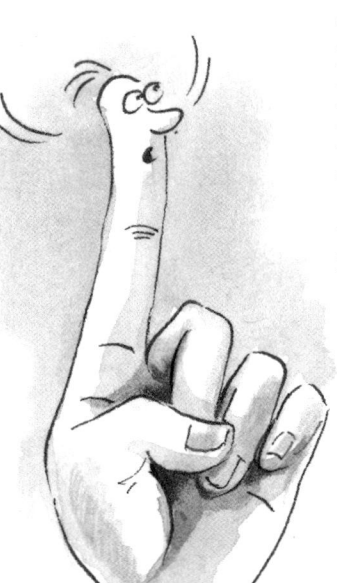

Hallo, lieber Daumen,
ich sag dir „Guten Tag".
Du brauchst gar nichts zu sagen.
Du nickst nur, wenn ich frag.
Bist du ausgeschlafen,
verbeug dich, hab nur Mut.
Mein lieber kleiner Daumen,
||: wir zwei verstehn uns gut. :||

Hallo, Zeigefinger,
du streckst dich in die Höh.
Bist du gut rausgekommen?
Ich hoff, du bist okay?
Du reckst dich gern nach oben
und bist ein kluger Geist.
Mein Freund, ich glaub, dass manchmal
||: du auch nicht alles weißt. :||

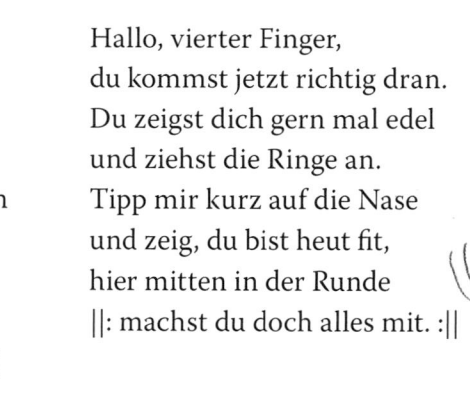

Hallo, Mittelfinger,
du siehst gefährlich aus.
Mit dir ist nicht zu spaßen,
drum bleib doch gleich zu Haus.
Du bist die größte Nudel,
beim Streit gern mittendrin,
Ich weiß, du kannst auch lieb sein
||: und streichelst mich am Kinn. :||

Hallo, vierter Finger,
du kommst jetzt richtig dran.
Du zeigst dich gern mal edel
und ziehst die Ringe an.
Tipp mir kurz auf die Nase
und zeig, du bist heut fit,
hier mitten in der Runde
||: machst du doch alles mit. :||

Hallo, letzter Finger
bist klein, aber oho,
hast trotzdem große Kräfte
und bist sehr lebensfroh.
Der Kleinste in dem Bunde
macht immer, was er will,
steckt andre Finger gern an,
||: und keiner ist mehr still. :||

Hallo, liebe Finger,
ihr seid immer dabei.
Nur wenn ich nachts mal schlafe,
dann habt ihr richtig frei.
Mit euch, da kann ich malen,
schreib dir mal irgendwann.
Besucht uns bald die Tante,
||: da schüttelt sie euch dann. :||

Hallo, liebe Finger,
ich sehe, ihr seid wach,
seid nicht zu übermütig
und macht nicht zu viel Krach.
Ich brauch euch noch, ihr Lieben,
seid immer griffbereit.
Ich wünsch euch für die Stunden
||: heut eine gute Zeit. :||

*Ein Lied zum Wachwerden, das die einzelnen Finger als unterschiedliche Typen vorstellt: den Daumen als gutmütiger Frohnatur, den geradlinigen Zeigefinger, den Mittelfinger als Macho, den Ringfinger als romantischen Typ und den kleinen Finger als lustigen Spielkameraden. Sie können direkt die einzelnen Finger ansprechen oder in den ersten fünf Strophen die jeweiligen Paare auftreten lassen (d. h., ein Zeigefinger spricht mit dem anderen).*

## Feuerwehr und Polizei

Eins, eins und noch die zwei,
das ist die Feuerwehr.
Eins, eins, und noch ein Ei,
dann kommt die Polizei.

*Eine Hand zeigt die Eins, die andere erst eine Zwei, dann am Ende eine Null. So lassen sich einfach die beiden wichtigen Telefonnummern merken.*

## Ich kenne eine Frau

Ich **ken**ne eine **Frau**,
ich **kenn** sie **ganz** ge**nau**.
Sie **heißt**:
**Zipp** Zippe**lipp** Zip**pe**lo**nika**.
Und **wer** das **drei**mal **sagen kann**,
ja, **der** ist **dran**.

*Ein Zungenbrecher, zu dem Sie klatschen können. Die Kinder dürfen nacheinander probieren, den Namen dreimal schnell zu sprechen.*

# 2. Die Finger unter sich

## Fünf Finger haben Musik gemacht

*Wolfgang Hering*

Der Daumen hat das Trommeln im Blut.
Der Zeigefinger bläst Flöte gut.
Der Mittelfinger spielt Geige mit Zier.
Der Ringfinger ist der Star am Klavier.
Der Kleine, der hat ganz verschmitzt
sich einfach das winzige Glöckchen stibitzt.

*Sie fassen den entsprechenden Finger mit der
anderen Hand an.*

## Spreizt mal eure Finger

Spreizt mal eure Finger,
ein jeder steht allein.
Schließt sie ohne Rast und Ruh
auf und zu, auf und zu.
*Beide Hände führen gleichzeitig die Bewegungen
aus*
Rührt die Finger hin und her
und bewegt sie kreuz und quer.
Ganz geschwind
wie der Wind,
bis alle Finger müde sind.
*Die Finger bewegen sich auf die verschiedenste
Weise durch die Luft*
Und nun bildet schnell mit allen
scharfe, krumme Katzenkrallen.
*Alle Finger werden gekrümmt*
Seht die Dinger sind gewandt,
drückt sie fest nun in die Hand.
*Die Finger verschränken sich*
Eins, zwei, drei,
der Daumen, der ist auch dabei.
Schön im Takt, so klatscht ihr nun,
die Hände haben gut zu tun.
Dann werden sie bald müde sein,
zum Schluss schlagt ihr die Arme ein.
*Die Arme werden verschränkt*

## Nicky, der kleine Wicht

Nicky ist ein kleiner Wicht,
*Kleiner Finger zeigt sich*
Angst, die hat der Nicky nicht.
Er kriecht ganz allein
ins dunkle Loch hinein.
*Der kleine Finger krabbelt in die Höhle der*
*anderen Hand*
Huh buh, huh buh,
kriecht er wieder raus
aus seinem kleinen Haus.
Ha, da ist er ja,
*Er kommt wieder heraus und zeigt sich*
da ist er ja!
Nicky ruft:
„Ihr Brüder, geht mal weg,
*Er tippt einzeln auf die Finger der geschlossenen*
*Faust*
geht mal weg."
Kille, kille, keck,
*Kleiner Finger kitzelt die Hand*
kille, kille, keck,
stups, so springt er weg.
*Einmal antippen, hinter dem Rücken*
*verschwinden.*

## Hin und her mit der Hand

Hin und her mit der Hand
krabbeln wir jetzt hoch die Wand.
*Ein paar Finger einer Hand laufen am Körper*
*hoch*
Und wir drehen sie ganz schnell,
*Die Hand dreht sich in der Luft*
erst wird's dunkel,
*Hand vor die Augen legen*
dann wird's hell.
*Und wieder zurückziehen*

## Fünf Finger zappeln schwer herum
*Wolfgang Hering*

Fünf Finger zappeln schwer herum
aus Spaß, da lachen sie sich krumm.
*Eine Hand zappelt in der Luft*
Ständig sind sie unterwegs
und gehn den andern auf den Keks.
Da kommt die leise Zauberfee,
*Ein Finger der anderen Hand*
verzaubert sie von Kopf bis Zeh.
Berührt ganz schnell die Fingerlein,
so friern sie auf der Stelle ein.
Sie müssen hier ein Weilchen ruhn,
wie angewurzelt stehn sie nun.
*Die Finger dürfen sich nicht bewegen*
Eins, zwei, drei …
*Finger abzählen*
Da rührn die Finger sich vom Fleck,
der Zauber ist jetzt wieder weg.

## Was die Finger alles können

Der Daumen dreht sich rundherum,
der Zeigefinger biegt sich um,
der Mittelfinger macht's ihm nach,
der Ringfinger sagt: „Guten Tag!"
„Das kann ich auch", sagt dieser Kleine,
nun steht er hier so ganz alleine,
mit einem Mal kopfunter
beugt er sich tief hinunter.

*Der Vers ist einfach und spricht für sich. Die*
*einzelnen Finger führen die Bewegungen aus.*

## Das Händekribbeln

### Fünf Gesellen

*Wolfgang Hering*

Fünf Gesellen gingen einmal
über Berg und tiefes Tal.
Sie gingen immer fort und fort
und wanderten von Ort zu Ort.

Der erste sprach:
„Wir wollen zum großen Licht."
Der zweite sprach:
„Das finden wir nicht."
Der dritte sprach:
„Wir wollen mal sehn."
Der vierte: „Wir müssen immer so weitergehn."
Sie taten alle weise
und gingen doch im Kreise.

Da hat der fünfte gelacht,
er hat sich auf den Weg gemacht.
Er sprach „Das große Licht
finden wir da draußen nicht.
Wir wollen mal nach innen gehn
und in unsre Herzen sehn."
Sie haben das Licht im Innern bemerkt,
da sahen sie es außen auch.
Denn Pflanze, Baum, Mensch und Tier,
alle sind ein Teil von mir.

*Eine Hand läuft auf dem anderen Arm. Dann
treten die einzelnen Finger auf.*

Erst sind unsre Hände
alle tief gefrorn,
dann tauen sie langsam auf
und wackeln leicht da vorn.

Später fängt ein Kribbeln an,
die Finger legen los.
Die Hand, der Arm, die kommen dran,
das Zappeln ist schon groß.

Der Wind wird immer stärker dann,
es braust nun ein Orkan.
Die Finger sind am Taumeln,
der Sturm zieht seine Bahn.

Da kommt wieder die Ruhe
nach einem letzten Satz.
Die Hände liegen friedlich
auf ihrem alten Platz.

*Am Anfang liegen die Hände auf den Ober-
schenkeln (im Sitzen) oder direkt am Körper (im
Stehen). Dann beginnt das Spiel. Zuerst bewegen sich nur die Finger, dann die Hände, die Arme und der ganze Oberkörper. Es können auch
erst die Hände zur Faust geballt sein. Schließlich ruhen sich am Ende die Hände auf dem alten Platz aus.*

# Rechts-links-Klatschspiel

Rechts, links eins und zwei, rechts, links, Kar - tof - fel - brei.

Rechts, links, drei und vier, rechts, links, so klat - schen wir.

Rechts, links, fünf und sechs, rechts, links, al - te Hex.

Rechts, links, sie - ben, acht, rechts, links, die Ho - se kracht.

Rechts, links, neun und zehn, das war schön.

**Rechts**, links, **eins** und zwei,
**rechts**, links, Kar**toff**elbrei,
**rechts**, links, **drei** und vier.
**Rechts**, links, so **klat**schen wir.

**Rechts**, links, **fünf** und sechs,
**rechts**, links, **alte** Hex.
**Rechts**, links, **sie**ben, acht,
**rechts**, links, die **Ho**se kracht.
**Rechts**, links, **neun** und zehn,
**das** war **schön.**

*Die Kinder patschen jeweils auf die Oberschenkel, rechts, links, dann zweimal in die Hände klatschen. Das Stück kann auch als Partnerspiel durchgeführt werden: Erst kommen die rechten, dann die linken Hände zusammen, dann zweimal beidhändig gegeneinander.*

## Ich habe zwei Arme

Ich **ha**be zwei **A**rme,
die **sind** so **lang**
und **ei**ne **Kehle**
mit **fro**hem Ge**sang.**
Ich **ha**be viele **Zäh**ne,
könnt **ihr** sie **sehn?**
Und **tun** sie **weh,**
muss **ich** zum Doktor **gehn.**
Ich **ha**be viele **Haa**re,
da**ran** kann man **zup**fen,
und **ei**ne Nase,
die **hat** manchmal **Schnu**pfen:
**Hatschi, hatschi, hatschi, hatschi.**
Ich **ha**be einen **Kopf,**
der **kann** sich **drehn,**
zwei **Beine hab** ich,
die **kön**nen **stehn.**
Ich **setz** mich einfach **so**
auf **mei**nen kleinen **Po.**

*Entweder mit einem oder*
*zwei Finger auf*
*die Körperteile deuten*

## Zwei Hampelchen
## aus dem Sack

Zwei Hampelchen aus dem Sack,
der eine heißt Schnick,
der andere Schnack,
Schnick und Schnack.
Schnick hat ein Krönchen
und Schnack einen Kranz.
Sie gehen zum fröhlichen Tanz.
Sie tanzen so manierlich,
ihre Schritte sind so zierlich.
Zuletzt gehen Schnick und Schnack
zurück wieder in den Sack.

*Die beiden Rollen werden*
*von den Zeigefingern gespielt*

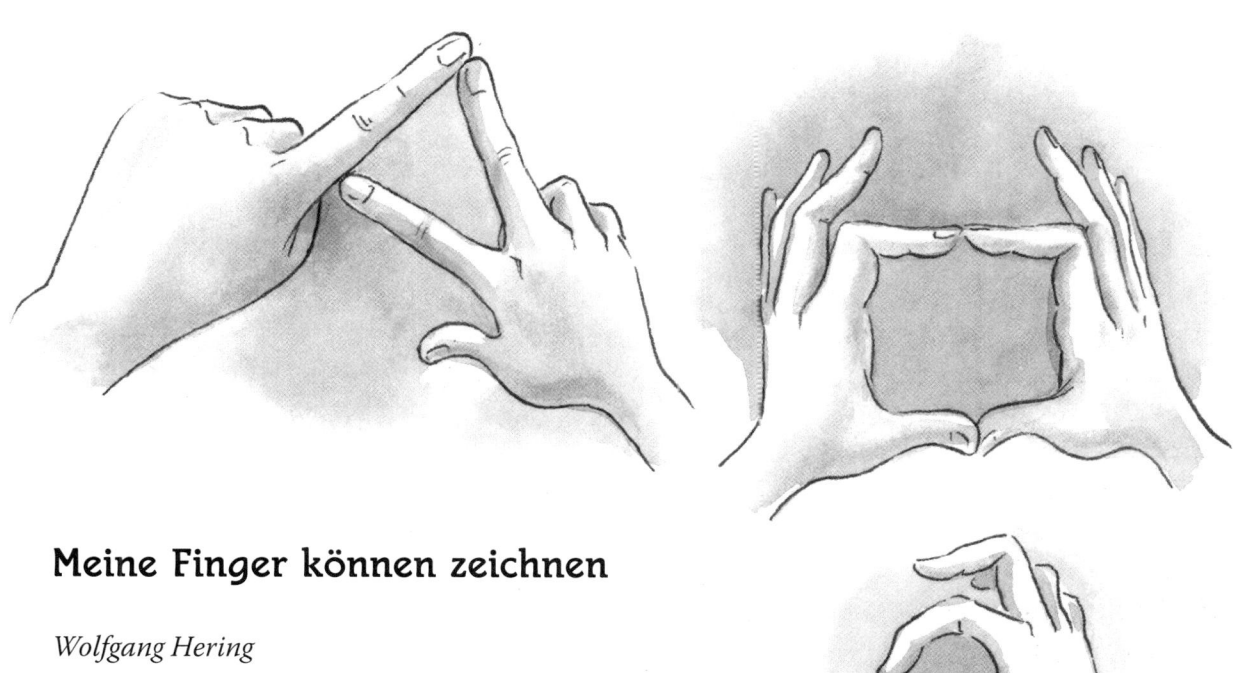

# Meine Finger können zeichnen

*Wolfgang Hering*

Meine Finger können zeichnen,
machen eine kleine Show,
malen Tolles in den Himmel.
Schau, ein Dreieck, das geht so!

Ein Quadrat mit seinen Ecken,
das ist aber richtig schwer.
Da brauch ich schon viele Finger,
etwa, wenn's ein Fenster wär.

Doch ein Turm ist komplizierter,
beide Seiten, die sind lang.
Nur ein Sturm bringt ihn ins Wanken,
da wird mir gleich angst und bang.

Schau, das Loch in meinen Händen,
zeig mir mal, wer kann das schon?
So ein richtig runder Kreis
wird schnell zu einem Luftballon.

Eine Hand wird jetzt zur Pizza,
liegt da ausgestreckt und flach,
wird zum Haus mit vielen Wänden
und noch einem spitzen Dach.

Und ein Flugzeug, das macht Streifen,
Wolken sausen kreuz und quer.
Finger fliegen mit den Vögeln
übers Land und übers Meer.

Nachts, da seh ich dann die Sterne,
träum von euch ganz ungewohnt,
viele tausend Hände fliegen
dort am Himmel um den Mond.

*Zunächst stellen Sie die Figuren dar. Am Schluss schlafen die Hände. Überlegen Sie mit Ihren Kindern eigene Bilder, und denken Sie sich zusätzliche Strophen aus, die Sie mit den Händen darstellen können: Drei- und Viereck werden in die Luft gezeichnet. Den Turm bilden die übereinander gehaltenen Fäuste. Gestalten Sie die Bilder zusätzlich mit Knet oder Schnüren nachgebildet werden.*

# 3. Durch die Jahreszeiten

## Fünf Osterhasen

*Wolfgang Hering*

Fünf Osterhasen stehen in der Tür,
einer hüpft weg, da sind es nur noch vier.
Vier Osterhasen verstecken schnell ein Ei,
springt einer weg, bleiben da noch drei.
Drei Osterhasen hören einen Schrei,
einer haut ab, es sind jetzt nur noch zwei.
Zwei Osterhasen planschen dort am Teich,
und plötzlich verschwindet einer sogleich.
Der letzte Osterhase muss plötzlich aufs Klo,
dort trifft er dann die andern, da sind sie aber
froh.

*Ein einfaches Fingerspiel, bei dem am Schluss
wieder die ganze Hand gezeigt wird. Sie können
vor jeder Zahl eine kleine Pause machen. Dann
rufen die Kinder schon die entsprechende Zahl.*

## Guten Tag, liebe Sonne

Fünf Fingerlein schlafen fest
wie die Vöglein in ihrem Nest.
Sie haben geträumt die ganze Nacht
und sind auch am Morgen nicht aufgewacht.
Da lacht die Sonne vom Himmel herunter.
Der Daumen, der dicke,
wird als erster munter.
Er reckt sich und streckt sich,
dann ruft er erfreut:
„Guten Tag, liebe Sonne,
schön ist es heut!"
Dann klopft er dem Nachbarn
auf die Schulter ganz sacht:
„He, Kinder, aufgewacht!"
Der Zeigefinger schimpft:
„Was soll das heißen,
mich so aus dem besten Schlaf zu reißen!"
Dann sieht er die Sonne und ruft erfreut:
„Guten Tag, liebe Sonne, schön ist es heut!"
Da haben die beiden getanzt und gelacht,
davon sind die anderen auch aufgewacht.
Dann nicken sie alle und rufen erfreut:
„Guten Tag, liebe Sonne, schön ist es heut."

*Die Finger der einen Hand spielen die Vögel, die
andere Hand wird zur Sonne. Eine Herausforderung an die Feinmotorik ist es, wenn sich die
Finger einer Hand gegenseitig berühren sollen.*

## Hier sitzt ein Osterhase

Hier sitzt ein Osterhase
im frischen, grünen Grase.
*Zeige- und Mittelfinger formen die Ohren*
Und hier kommt noch ein Häschen
und schnuppert mit dem Näschen.
Die Ohren spitzen beide
und fangen an voll Freude,
die Eier zu verstecken
*Mit Daumen und Zeigefinger die Eier zeigen*
in Wiese, Wald und Hecken,
die roten und die blauen.
Wie wird mein Kind da schauen?
*Hand über die Augen halten*

## Käferlein im Mai

Mai ist's, und ein Käferlein
kommt zur Erde raus,
sucht sich auf dem grünen Blatt
ein kleines Käferhaus.
Und schon kommen hinterdrein
noch viele kleine Käferlein.
Summ, summ, summ, summ, summ, summ,
immer um den Baum herum.
Summ, summ, summ, summ, summ, summ,
um den Baum herum.

*Zwei Finger einer Hand krabbeln als Käfer auf
dem anderen Arm*

## Ein Baum mit vielen Ästen

Im Garten steht ein Baum,
*Ellenbogen auf das Knie stützen, Finger als Äste
spreizen*
der hat viele Äste.
Und jeden Tag hat der Baum
auch viele Gäste.
Käfer krabbeln an ihm hinauf.
*Mit Zeige- und Mittelfinger der anderen Hand
am „Baumstamm" hochkrabbeln*
Vöglein sitzen oben drauf.
*Daumen und Zeigefinger auf einen der fünf
„Äste" setzen*
Bienchen fliegen um ihn herum,
*Zeigefinger um den Baum kreisen lassen,
summen*
und summen immer, summ, summ, summ.
Dann kommt geschwind
der kräftige Wind.
*Kräftig pusten, Baum und Äste bewegen sich*
Da zappeln die Äste,
und fort sind alle Gäste!

## Sonnenblume

Eine schöne **Son**nenblume
**steht** an unserm **Gar**tenzaun.
**Auß**en hat sie **Blü**tenblätter,
**in**nen ist sie **braun**.
**Kommt** ein Vogel **an**geflogen,
**hun**grig ist er **sehr**.
**Son**nenblume, **Son**nenblume,
**gib** mir Kerne **her**.
**Son**nenblume **gibt** dem Vogel
**Kör**ner ohne **Zahl**.
„**Dan**ke", ruft der **V**ogel fröhlich,
„**für** das gute **Mahl**
und **bis** zum nächsten **Mal**."

*Ein überliefertes Stück, das allein wegen des
Gleichklangs im letzten Reim eine Besonderheit
darstellt. Die Finger einer Hand spreizen sich
nach allen Seiten ab. Die andere Hand fliegt als
Vogel herbei. Beide Bewegungen können Sie
auch rhythmisch ausführen lassen.*

## Erntedank
*Wolfgang Hering*

Der Sommer ist schon halb vorbei,
der Bauer fährt da vorn.
*Hand über die Augen halten*
Er schneidet alle Halme ab
und erntet jetzt das Korn.

Aus dem Getreide wird dann bald
ein großes Angebot:
*Hände ausbreiten*
Brezeln, Semmeln und Gebäck,
*Luftbilder malen*
verschiedene Sorten Brot.

Kleine Erbsen wachsen auch,
*Mit Daumen und Zeigefinger anzeigen*
seht ihr, es sind zehn.
*Alle Finger in die Luft halten*
Auf dem Teller kullern sie
und können sich auch drehn.

Auf dem Markt sehn wir das Obst,
ziemlich viel, ein Traum.
*Einen großen Korb andeuten*
Besonders schmecken Kirschen gut,
gepflückt direkt vom Baum.
*Sich den Bauch reiben*

Die große Sonne hilft uns gern.
*Große Sonne zeigen*
Sie zaubert, und sie hext,
vom Frühjahr bis zum Herbst ist toll,
wie alles so gut wächst.
*Finger bewegen sich von unten nach oben*

# Der Drachentanz

*Text/Musik: Wolfgang Hering*

Seht doch mei-nen Dra-chen an, wie der lus-tig flat-tern kann.

Er tanzt mit dem Schlei-fen-schwanz den wil-den Dra-chen - tanz.———

Er tanzt mit dem Schlei-fen-schwanz den wil-den Dra-chen - tanz.

Seht doch meinen Drachen an,
wie der lustig flattern kann.
*Mit der Hand den Arm der anderen Hand
greifen und ihn hin und her schütteln*
||: Er tanzt mit dem Schleifenschwanz
den wilden Drachentanz. :||
*Finger schweben durch die Luft*

Hoch und höher nun geschwind
fliegt er mit dem wilden Wind
*Der Drachen fliegt noch höher, ggf. aufstehen*
||: über Felder, übers Haus,
da kennt er sich gut aus. :||

Schau, da ist ein Storchennest,
ich halt meinen Drachen fest.
*Über dem eigenen Kopf kurz verweilen*
||: Dann fliegt er, das ist ein Glück,
mit Schwung zu mir zurück. :||
*Die andere Hand zieht den Drachen nach unten*

Kommt ein Vogel in den Blick,
fliegt mit ihm ein kleines Stück.
||: Ja, nun tanzen sie zu zweit,
*Beide Hände flattern*
und so vergeht die Zeit. :||

Eine Wolke schwebt ins Bild,
hat den Drachen gleich umhüllt,
||: der entweicht im Handumdrehn
und ist nicht mehr zu sehn. :||
*Hände verschwinden hinter dem Rücken*

Ich zieh ihn zu mir darauf,
freu mich, er taucht wieder auf.
||: Fliegen ist ein Hochgenuss,
sag Tschüss, wir machen Schluss. :||

*Spielen Sie mit den Kindern das Lied, und las-
sen Sie danach Drachen steigen.*

## Wenn der Herbstwind pfeift

Wenn der Herbstwind pfeift,
gibt's Regenwetter.
Wenn der Herbstwind pfeift,
wuihhh – dann fallen die Blätter.
Er schüttelt gewaltig die Bäumchen,
*Die rechte Hand schüttelt den linken Unterarm*
mit Äpfeln, Birnen und Pфläumchen.
*Früchte in die Luft zeichnen*
Der Herbstwind pfeift – wuihhh –,
da fliegen die Vöglein fort
an einen fremden, warmen Ort.
Der Herbstwind pfeift – wuihhh –,
da schlafen die Blümelein,
die Blätter hüllen die Raupen ein.
*Rechte Hand umschließt einen Finger der linken*
Der Nebel ist des Herbstes Mantel,
die Regenwolken sind sein Kleid.
Leb wohl, leb wohl, du schöne,
du goldne Sommerzeit.
*Winken*

## Vier kleine Kerzen
*Wolfgang Hering*

**Ei**ne kleine **Ker**ze
*Mit dem kleinen Finger beginnen*
am **ers**ten Ad**vent**,
sie **fla**ckert auf dem **Kranz**
ganz **klein**, wie sie da **brennt**.

**Zwei** kleine **Ker**zen,
*Ringfinger kommt hinzu*
die **sind** ein schönes **Paar**,
die **eine** etwas **klei**ner,
das **Wachs** schmilzt offen**bar**.

**Drei** kleine **Ker**zen,
*Zusätzlich den Mittelfinger hochstrecken*
die **ge**ben schon viel **Licht**.
Sie **leuch**ten ganz be**son**ders
am Abend ins Ge**sicht**.
*Die Hände an die Wangen halten*

## Die Suche nach dem Nikolaus

Aus dem Fenster schau ich raus,
suche nach dem Nikolaus.
Ist das seine Zipfelmütze?
*Zwei Hände über dem Kopf halten*
Nein, das ist die Kirchturmspitze!
*Ein Finger streckt sich in die Höhe*
Sieht das wie sein Rucksack aus?
Nein, es ist der Baum vorm Haus!
Dort sein Bart so lang und weiß
ist ein Zapfen ganz aus Eis!
*Der Eiszapfen wird mit beiden Händen*
*angezeigt*
Sieh doch nur die Stiefel an!
Sie gehörn dem Nachbarsmann!
*Daumen zur Seite strecken*
Doch da winkt mir einer zu!
Nikolaus, das bist ja du!
*Winken*

## Winter

Hu – hu – der Wind weht kalt
durch den Wi-Wa-Winterwald.
Da friert dem Bärchen der Bauch,
und der Rücken zittert auch.
Mutter Bär sagt: „Schau mal her,
wir baun eine Höhle, das ist nicht schwer!
Da kriechen wir beide tief hinein,
da wird es warm und mollig sein!
Wir kuscheln uns dort dicht an dicht,
da frieren wir im Winter nicht.
Und scheint im Frühling die Sonne aufs Haus,
da kriechen wir aus der Höhle heraus.
Brumm, brumm, brumm,
die Winterzeit ist um!"

*Der Daumen ist Mutter Bär. Die Faust der ande-*
*ren Hand wird zur Höhle.*

**Vier** kleine **Ker**zen
*Alle vier Finger*
am **vier**ten Ad**vent**,
die **fun**keln jetzt im **Zim**mer
ganz **wild**, wie jede **brennt**.

Und **strahlt** ein großer **Christ**baum
*Mit Händen und Armen einen großen Baum*
*zeigen*
am **Ende** wunder**bar**
mit **noch** mehr Licht und **Ker**zen,
dann **war** das Christkind **da**.
*In die Hände klatschen*

## Ein Nikolaus mit Brille

Aus einem klitzekleinen Haus,
da schaut der Nikolaus heraus.
*Mit Händen ein Haus formen*
Er trägt Brille, klein und rund,
*Mit den Händen eine Brille formen*
ein langer Bart verdeckt den Mund.
*Den langen Bart mit beiden Händen darstellen*

Er zieht nun seine Stiefel an,
sodass er losmarschieren kann.
*Mit den Füßen stampfen*
Auf dem Rücken liegt ein Sack,
den trägt er heute huckepack.
*Den Rücken beugen*
Die Sterne ziehen nun voran,
damit er alles sehen kann.
*Mit Fingern in die Luft deuten*
Er holt ganz leis vor jedem Haus
ein Päckchen aus dem Sack heraus.
*Darstellen*
Der Sack wird leer im Handumdrehn,
nun kann er schnell nach Hause gehn.
*Mit Füßen auf der Stelle treten*
Hier ruht der Nikolaus sich aus
und kommt dann lange nicht mehr raus.

## Fünf Glöckchen
*Wolfgang Hering*

**Fünf** kleine **Glöck**chen
**häng**en an der **Schnur**.
„Wer **spielt** mit uns, wer **spielt** mit uns,
wer **kommt** zu uns denn **nur**?"
Das **ers**te flüstert: „**Ich** bin zahm
und **bimm**le langsam **und** ganz lahm."
Das **zwei**te spricht ganz **glo**ckenhell:
„Ich **spie**le gerne **su**per schnell."
Das **drit**te ruft: „Ich **bin** ganz fit
und **fahr** gern auf dem **Schlit**ten mit."
Das **vier**te sagt: „Man **kennt** mich schon,
ich **ha**be einen **tie**fen Ton."
Das **fünf**te schreit zur **Weih**nachtszeit,
„**Frie**de, Freude, **Fröh**lichkeit."
Ich **ru**fe laut: „Hurra, hurra!
Das **Christ**kind hier, das **war** schon da."

*Die fünf Finger spielen die Glöckchen.*

## Wintertanzspiel

Fünf junge Damen tanzen auf dem Eis.
*Eine Hand hin und her drehen, während die*
*Finger gerade stehen*
Fünf junge Herren fragen sie ganz leis:
*Die andere Hand nähert sich mit nach oben*
*zeigenden Fingern*
„Darf ich bitten, meine Damen?"
*Finger der zweiten Hand beugen sich auf und*
*nieder vor der ersten Hand*
„Sehr gerne, meine Herren."
*Erste Hand dreht sich tänzelnd hin und her*
So tanzen die Damen mit den Herren.
*Die Finger der beiden Hände verschränken sich*
Und das sind jetzt zehn,
das könnt ihr ja sehn!
*Hände öffnen und alle Finger zeigen*
Fünf Paare tanzen mit Bedacht
froh gelaunt bis in die Nacht.
*Beide Hände tanzend bewegen*

# Fünf kleine Schneemänner

*Wolfgang Hering*

Fünf kleine Schneemänner
stehn vor mir ganz starr.
*Fünf Finger einer Hand strecken sich in die Luft*
Sie warten an Silvester
still auf das neue Jahr.
Da kommt die schwarze Katze.
*„Miau" sagen*
Sie ist ein wildes Tier
und hüpft auf einen Schneemann,
da sind es nur noch vier.
Ein andrer steht am Wege,
und Kinder kommen herbei.
Sie machen eine Schneeballschlacht,
*Pantomimisch einen Schneeball werfen*

da sind es nur noch drei.
Beim Nachbarn gibt's ne Party,
die trinken viel, auwei.
*Trinkbewegungen machen*
Ein Gast hält sich am Schneemann fest,
da sind es nur noch zwei.
Die Uhr schlägt gerade zwölf Mal,
Raketen sausen rum.
Ein Schneemann wird getroffen
und fällt ganz einfach um.
Ein kleiner Schneemann
erlebt das neue Jahr,
es schneit, die Kinder bauen
vier neue, wunderbar.
Mit Knöpfen und Karotten,
sieht man sie dort bald stehn.
Die fünf kleinen Schneemänner
sind prachtvoll anzusehn.

# 4. Wie Katz und Maus

## Ich bin eine tapfre Maus

*Text: Wolfgang Hering/Bernd Meyerholz– Musik: traditionell*

Ich bin eine trapfre Maus,
und ich tippel durch das Haus,
und ich habe keine Angst.
Ich bin zwar klitzeklein,
doch mich schüchtert keiner ein.
Krieg niemals einen Schreck,

lauf vor nichts und niemand weg,
denn ich habe keine Angst, nee, nee.
Ich habe keine Angst.

*Gesprochen*

Und was ist, wenn eine Katze kommt?

*Maus:* Wie denn, was denn für eine Katze?

So eine riesige Katze mit großen Augen und scharfen Krallen!

Och, ich habe doch keine Angst vor einer Katze.

Und wenn die aber gleich zupackt, weil sie Hunger hat und dich fressen will …

*Maus:* Also gut, dann hab ich vielleicht ein bisschen Angst, aber sonst hab ich überhaupt keine Angst, denn *(gesungen)*

„Ich bin eine tapfre Maus …"

*Eine Hand spielt die Maus (z. B. als Fingerfigur), und die andere Hand schnappt im gesprochenen Teil mit den Krallen nach ihr.*

*Dieses Stück wurde aus dem Englischen über-tragen. Dort heißt es: „I'm a brave mouse".*

# Im Mäusehaus

Ich bin die kleine Maus
und wohn im Mäusehaus.
*Der kleine Finger bewegt sich*
Ich komme jeden Abend
zum Krümmelfressen raus.
Ich komme um halb zehn,
da kann mich keiner sehn.
Die Küche ist ganz dunkel,
wo sonst die Menschen gehn.
Ich laufe zu dem Schrank.
*Zwei Finger laufen über den Arm*
Der Weg ist schrecklich lang.
Wenn's in der Ecke knistert,
dann wird's mir angst und bang.
Ich wär gern Katzenschreck,
doch lauf der Katze weg.
Ich glaub, sie will mich fressen,
als ob sie Hunger hätt.
Ich sitze hinterm Ofen,
und das ist mein Versteck.
Wenn dann die Katze schläft,
dann komm ich wieder raus
und trag den dicken Krümel
*Mit Daumen und Zeigefinger formen*
schnell in mein Mäusehaus.
*Hände verschwinden hinter
dem Rücken*

## Katzen können Mäuse fangen

Katzen können Mäuse fangen,
*Mit den Händen schleichen und vorwärts springen*
haben Krallen wie die Zangen.
*Die Krallen zeigen*
Schlüpfen durch die Bodenlöcher
*Finger auf den Boden*
und zuweilen auf die Dächer.
*Ein Dach zeigen*
Mäuschen mit den Ringelschwänzchen
*Die beiden Zeigefinger kreisen umeinander*
tanzen auf dem Dach ein Tänzchen.
*Finger hin und her bewegen*
Klettern über Büsche, Bäume,
*Hände gehen nach oben*
manchmal auch durch Gitterzäune.
*Hände gefaltet nach vorne strecken*

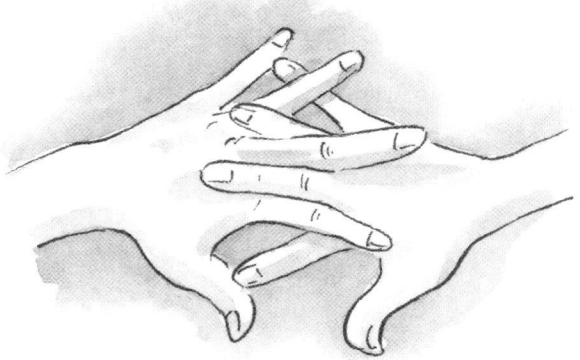

Leise, leise kommt die Katz,
*Anschleichen mit einer Hand*
fängt die Maus mit einem Satz.
*Die andere Hand packen*

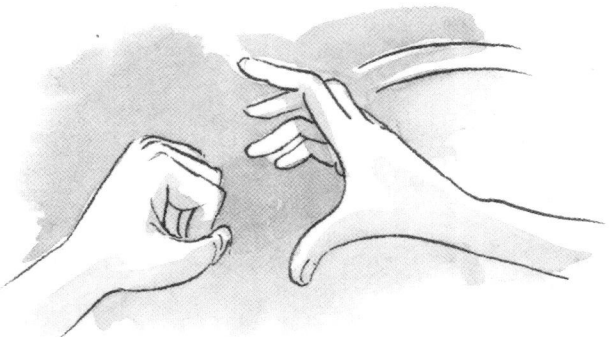

## Sie trippeln und trappeln

In unserm Häuschen
*Hände zum Dach falten*
gibt es schrecklich viele Mäuschen.
Sie trippeln und trappeln,
*Finger die Arme hochlaufen lassen*
zippeln und zappeln
auf Tischen und Bänken,
*Rechte auf linke Hand legen*
auf Stühlen und Schränken.
*Rechte Faust an linke Hand legen*
Sie wolln etwas naschen,
und will man sie haschen,
husch, sind sie alle weg
in einem Versteck.
*Hände verschwinden*

## Katzenmutter

Die Katzenmutter hat vier Kätzchen.
Das erste hat ganz weiche Tätzchen.
Das zweite hat ein langes Schwänzchen.
Das dritte um den Hals ein Kränzchen.
Das vierte saust, ei der Daus,
immer schnell durchs ganze Haus.
So hüpfen die vier Kätzchen fein
im Spiel ums Katzenmütterlein.

*Der Daumen ist die Katzenmutter, die vier Finger der anderen Hand spielen die Katzenkinder.
Sie tanzen zum Schluss um ihre Mutter herum.*

## Die Maus kauft ein

**Schau**, da **läuft** die **kleine Maus**
**flink** aus **ihrem Mäusehaus**.
**Zuc**ker, **But**ter, **Mehl** und Eier

**kauft** sie **heu**te **bei** Frau **Mei**er.
Dann **flitzt** sie **aus** dem Laden **raus**
zu**rück** schnell **in** ihr **Mäusehaus**.
Wer **möch**te, **darf** sie **dort** be**su**chen,
denn **heu**te **backt** sie Zucker**ku**chen.

*Mit Finger über Beine und Bäuchlein des Kin-*
*des laufen, bis zum Gesicht und wieder zurück.*

## Bim bam bommel

**Bim** bam **bom**mel,
*Fäuste in der Luft aufeinanderschlagen*
die **Kat**ze schlägt die **Trom**mel,
**fünf** kleine **Mäu**se
*Fünf Finger hüpfen auf der Hand*
**tan**zen in der **Reih**.
**Und** die ganze **Er**de
**rum**pelt wild da**bei**.
*Mit den Füßen trommeln*

## Ich baue mir ein Haus

Ich baue mir ein Haus.
Im Keller wohnt die Maus.
Im ersten Stock die weiße Katz.
Der Hund hat vor der Türe Platz.
Im zweiten Stock wohnt Großmama.

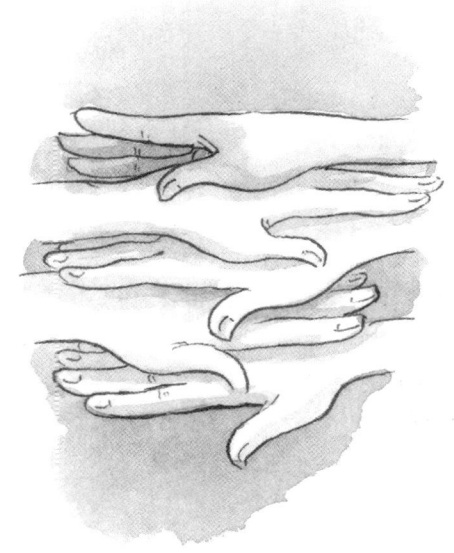

Im dritten Stock wohnt Großpapa.
Im vierten gehen die Eltern rein.
Im fünften wohn ich ganz allein.
Und unterm Dach ein Vogelpaar,
das wünscht uns Glück das ganze Jahr.

*Umrisse eines Hauses zeigen. Dann mit den fla-*
*chen Händen die Bewohner immer etwas höher*
*anzeigen.*

## Da kommt die Maus

Da kommt die Maus
*Am Arm mit den Fingern hochlaufen*
Klingelingeling,
*Am Ohr zupfen*
ist da wer zu Haus?
*An der Nase zupfen*

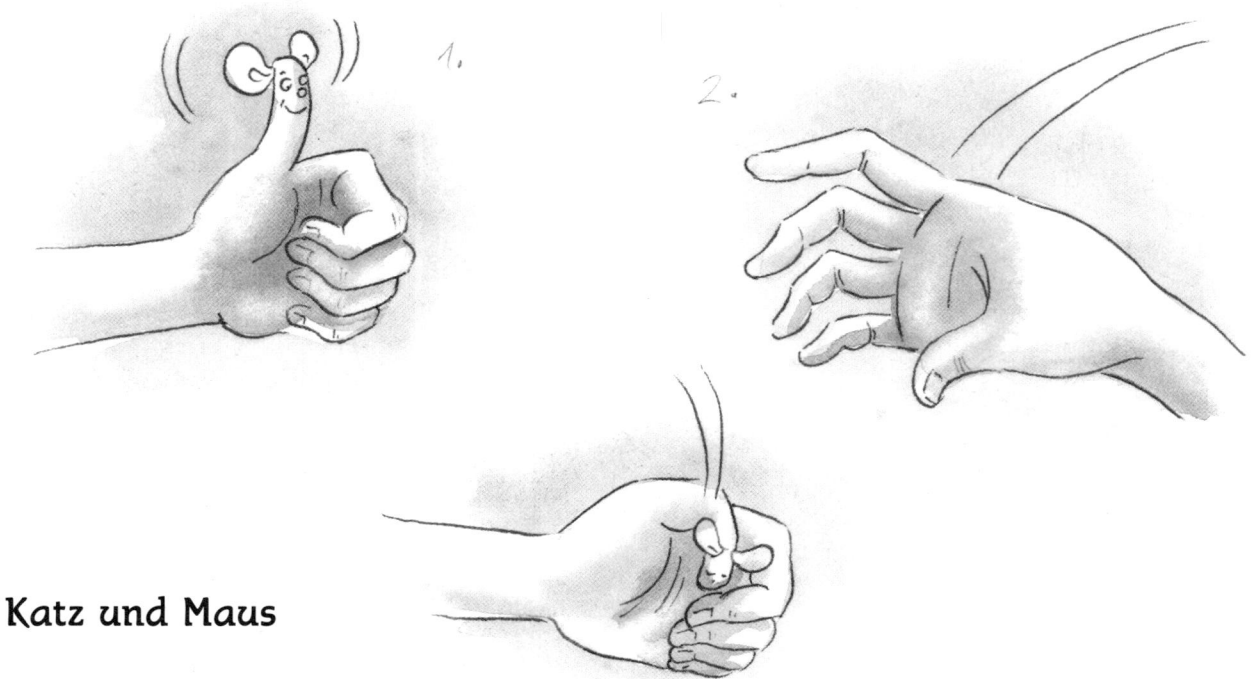

## Katz und Maus

Komm, wir spielen Katz und Maus!
Die linke Hand ist unser Haus.
*Hand zur Faust ballen*
Der Daumen ist die kleine Maus.
*Mit Daumen wackeln*
Da geht sie rein,
*Daumen in Faust verschwinden lassen*
da kommt sie raus.
*Daumen wieder herausholen*
Da geht sie rein, da kommt sie raus.

Die rechte Hand ist unsere Katze
*Hand zeigen*
mit der kleinen, weichen Tatze.
*„Krallen" zeigen*
Seht, nun schleicht sie sich heran
*Mit Fingern anschleichen*
und sieht sich unser Mäuschen an.
Und die Mietzekatze springt
mit einem Satz aufs Mäuschen zu.
*Rechte Hand schließt sich um linke Hand*
Mäuschen, na, wo bist denn du?
*Linker Daumen schaut suchend umher*
Die sitzt in ihrem tiefen Loch,
da bleibt sie sicher lange noch.

## Zehn kleine Mäusekinder

**Zehn** kleine **Mäu**sekinder
**lau**ern im Ver**steck**.
**Zehn** kleine **Mäu**sekinder
**wer**den plötzlich **keck**.
**Eins**, zwei, drei und **vier** und fünf,
sie **kom**men ohne **Schuh** und Strümpf.
**Sechs**, sieben, **acht**,
nun **ist** es fast schon **Nacht**.
Zum **Schluss** die neun und **zehn**,
es **wird** nun Zeit zum **Schla**fengehn.
Da **kommt** die Katze, **welch** ein Schreck,
und **alle** Mäuschen **lau**fen weg.

*Verstecken Sie die Hände zunächst hinter dem
Rücken (oder unter der Bettdecke). Ein Finger
nach dem anderen kommt hervor (zählen Sie
mit). Am Ende verschwinden die Finger wieder.*

## Der Katzenvater

Kennt ihr diesen Katzenvater?
*Rechte Hand: Kleinen Finger und Zeigefinger
abspreizen*
Er ist ein dicker, fetter Kater.
Der jammert immer:
„Hab ich Hunger, hab ich Hunger!"
Da kommt die Maus zum Loch heraus.
*Linke Hand: Nur Zeigefinger bewegt sich*
Der Kater sagt:
„Ich zähl bis drei, dann ist's mit dir bestimmt
vorbei – eins, zwei, drei."
*Mitzählen*
Schwuppdiwupp, schnell ist die Maus im Loch.
Der Kater sagt:
„Und ich fang dich doch!
Jetzt mach ich es eben schlauer,
ich setz mich auf die Mauer."
Da kommt die Maus zum Loch heraus.
„Ach, wie es schön,
der Kater ist fort, ich geh noch aus."
Da kommt der Kater, oh, oh, oh.
Die Maus, die schafft es gerade noch
und flüchtet schnell ins Mauseloch.
*Die „Maus" verschwindet hinter dem Rücken*

## Fünf kleine Mäuschen

Fünf kleine Mäuschen laufen daher,
*Finger der einen Hand bewegen sich*
suchen nach Krümeln und sonst noch mehr.
Fünf kleine Mäuschen auf einem Brett,
fressen am Kuchen sich dick und fett.
*Faust als großer Kuchen*
Da macht die Katze die Augen rund,
*Daumen und Zeigefinger beider Hände sind die
Augen*
denkt schon, die treiben's mir doch zu bunt,
macht einen Satz – doch die Mäuschen sind
fort,
bleiben im Loch, am sicheren Ort!
*Linke Hand versucht die Finger der rechten zu
fangen, aber die Mäuse sind schnell verschwunden*

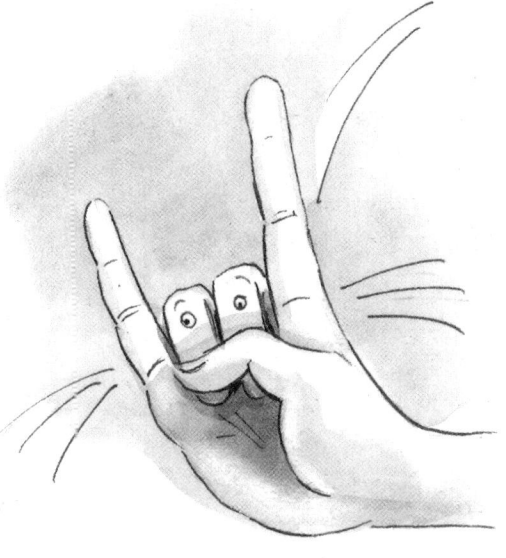

# 5. Wir können fliegen

## Fips, der freche Spinnenmann

Fips, der freche Spinnenmann,
*Finger krabbeln auf den Oberschenkeln*
schau, wie der kri-kra-krabbeln kann!
Krabbelt hin und krabbelt her,
spinnt die Fäden immer mehr.
Er spinnt sie so, man kann's vergleichen,
wie mit geraden Fahrradspeichen.
*Die Hand wird entsprechend gespreizt*
Ganz ohne Schni-Schna-Schnaufen
kraxelt er auf einen Haufen.
*Ellenbogen oder angewinkeltes Knie stellen einen Hügel dar*
Da, in einem hohen Bogen
kommt eine Fliege angeflogen.
Mit Gebrumm: summ, summ, summ.
Bums – da sitzt die Fliege fest!
Ob er sie nochmal fliegen lässt?
Sie rührt sich erst mal nicht vom Fleck,
doch später fliegt die Fliege weg.

*Die Finger der rechten Hand spinnen pantomimisch in der Luft oder auf einem Tisch ein Spinnennetz (erzählen Sie den Kindern, wie kunstvoll das geschieht!). Dann bleiben sie gespreizt in der Mitte liegen. Der Zeigefinger der linken Hand summt zunächst als Fliege herum, dann klebt er auf einem Spinnenfaden fest. Die Spinne (rechte Hand) bleibt reglos sitzen. Am Ende hat sich die Fliege wieder befreit und kann mit Gebrumm wegfliegen.*

## Der Klapperstorch

Mit dem Klapperschnabel horch,
klappert laut der Klapperstorch.
*Die Hände klappen auf und zu*
Zieht die Gummistiefel an,
dass er durchs Wasser laufen kann.
*Mitstampfen*
Und dann geht er mit dem langen
Klapperschnabel Frösche fangen.
*Mit dem Schnabel zuschnappen*
Wenn er dann den See verlässt,
fliegt er schnell zu seinem Nest.
*Beide Arme machen Flugbewegungen*

## Die Biene Sabine
*Wolfgang Hering*

Die Biene Sabine fliegt
auf und ab im Zimmer,
summt und brummt und brummt und summt:
sss,
hin und her geht's immer.
Plötzlich fliegt sie mit Gebrumm
vorbei an meiner Nase
zu der Blumenvase.

Dann weiter durch die Luft, sss,
sie fliegt dann dort auf die Blumen,
das riecht, welch ein Duft.
Sie setzt sich auf ein grünes Blatt
und isst sich am Blütensaft nun satt.
Sie reckt und streckt sich: ahhh!
Welch ein Genuss,
schade, dass sie schon wieder wegfliegen muss:
Sss!

Seht mal, Kinder, schaut mal her,
die Biene saust hier wild umher,
ringsherum, mal in die Höh.
Ich mach das Fenster auf,
und eins, zwei, drei
ist das Summen schon vorbei.

*Ein Finger ist die Biene. Die andere Hand formt
zuerst eine Vase, anschließend setzt sich die
„Biene" auf das Blatt (flache Hand). Am Ende
saust sie wieder herum und verschwindet dann
hinter dem Rücken.*

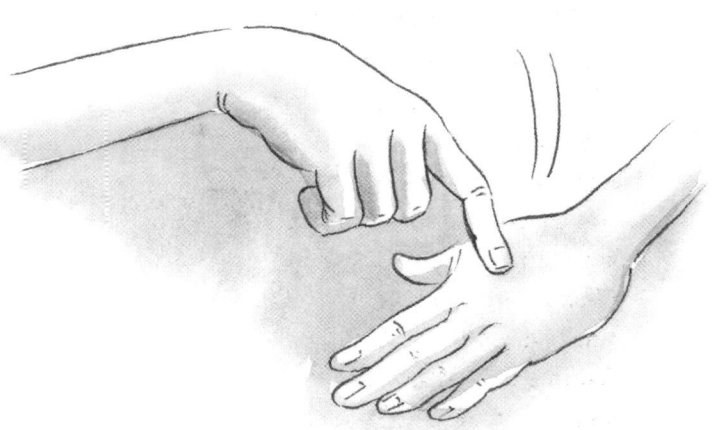

## Der Luftballon

Es war einmal, es war einmal
ein wunderschöner Luftballon.
*Hände formen einen Luftballon*
Er schwebte hoch und nieder
und auch mal seitlich wieder.
Erst ist er im hohen Bogen
auf meinen Kopf geflogen.
Dann hat's ihn tiefer gezogen,
er ist vor meinen Bauch geflogen
und wieder im hohen Bogen
auf meine Nase geflogen.
Nun ist's genug, und eins, zwei, drei,
wir nehmen die spitze Nadel herbei!
Die macht einmal pieks – das war das Ende,
und alle klatschen in die Hände!

*Sie begleiten den Flug des Luftballons mit
beiden Händen.*

## Lied: Fünf kleine Fledermäuse

*Nicolas Hering/Wolfgang Hering*

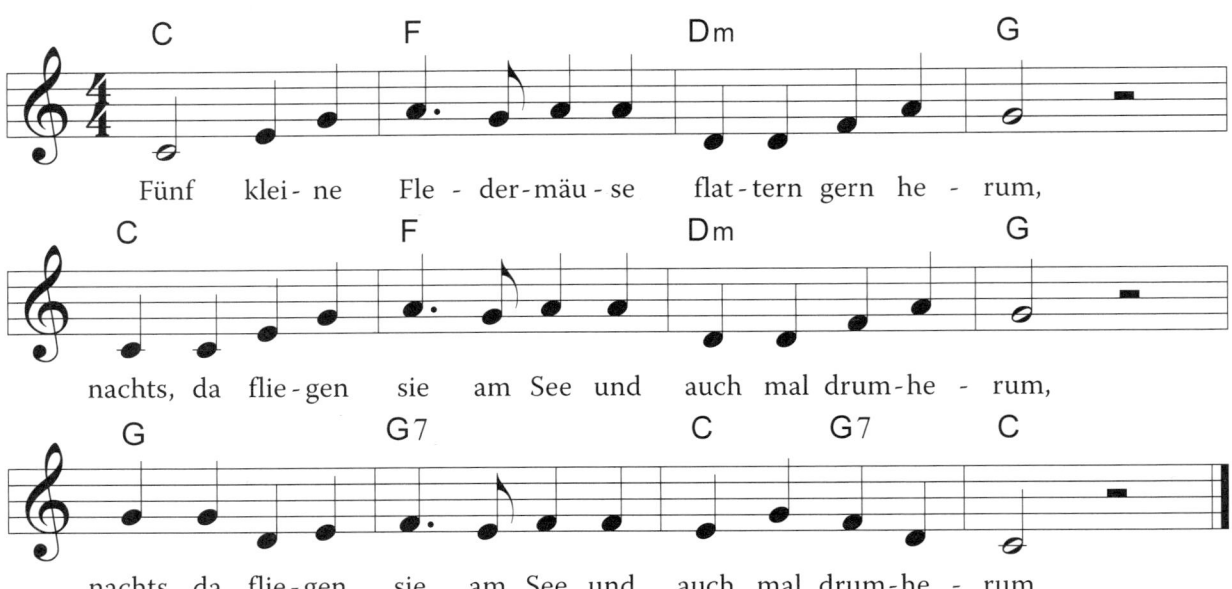

Fünf klei-ne Fle-der-mäu-se flat-tern gern he-rum,

nachts, da flie-gen sie am See und auch mal drum-he-rum,

nachts, da flie-gen sie am See und auch mal drum-he-rum.

Fünf kleine Fledermäuse
flattern gern herum,
||: nachts, da fliegen sie am See
und auch mal drumherum. :||

Heut ist ein schöner Abend,
vor mir saust ein Tier
||: das verirrt sich irgendwo,
da sind es grad noch vier. :||

Vier kleine Fledermäuse
fliegen am Hund vorbei,
||: dieser schnappt sich
gleich ein Tier,
da sind es nur noch drei. :||

Drei kleine Fledermäuse,
kommt ein Jäger, auwei,
||: eine fiept vor ihm ganz laut,
bleiben dann noch zwei. :||

Zwei kleine Fledermäuse
fressen die ganze Zeit.
||: Eine frisst wohl viel zu viel.
Das war nicht so gescheit. :||

Eine kleine Fledermaus
fliegt weit übern See,
||: trifft dann einen Mäuserich,
den findet sie O. K. :||

Und sie kriegen Kinder,
bald, da sind es drei,
||: bringen ihnen dann sogleich
die hohen Töne bei. :||

Fünf kleine Fledermäuse
flattern gern herum,
||: passen jetzt viel besser auf
am See und drumherum. :||

*Erst bewegt sich eine Hand durch die Luft. Dann klappen die Finger nachein-ander ein. Anschließend bewegt sich wieder die komplette Hand. Betonen Sie immer die erste Silbe in jeder Strophe.*

## Die kleine Hex

Ich bau auf der Wiese ein Hexenhaus,
*Die Umrisse eines Hauses andeuten*
setz Stein auf Stein, so muss es sein,
*Hände übereinander schieben*
und auch ein Dach darauf.
*Die beiden Zeigefinger bilden das Dach*
Dann wasch ich mich mit schwarzem Dreck
und eins, zwei, drei, vier, fünf und sechs,
*Mitzählen*
jetzt bin ich selbst die kleine Hex.
*Eine Höckernase darstellen*

## Fünf Käfer sind auf einen Baum gekrabbelt

Fünf Käfer sind auf einen Baum gekrabbelt.
Der erste hat im Spinnennetz gezappelt.
Den zweiten fing Herr Specht sich ein.
Der dritte fiel in die Pfütze hinein.
Der vierte, das weiß ich nicht mehr genau,
ich glaube, der nahm sich dort oben eine Frau.
Der fünfte breitete die Flügel aus
und flog im Sonnenschein nach Haus.
Jetzt ist die Käfergeschichte aus.

Oh Wunder dann, im nächsten Jahr
sind alle Käfer wieder da.
Die Tiere klettern nochmals rauf,
beginnen wieder ihren Lauf.

*Ein Arm spielt den Baum, die Finger der anderen Hand sind die fünf Käfer.*

## Hampelpampel

Hampelpampel saß am Fenster,
*Der kleine Finger zeigt sich; Fenster in die Luft zeichnen*
plötzlich flatterten Gespenster.
*Zwei Finger der anderen Hand*
Eins war grün, das andre rot,
*Jeweils einen Finger zeigen*
Hampelpampel war in Not,
sagte zu den Beiden:
„Los, fliegt fort,
sonst kratz ich euch!"
Rot erbleichte, Grün erschrak,
dass jedes gleich am Boden lag.
*Die Finger legen sich flach hin*
Hampelpampel, das war gut.
Wer so klein ist, braucht viel Mut.
*Noch einmal den kleinen Finger zeigen*

## Ich bin eine Eule
*Wolfgang Hering*

**Ich** bin eine **Eu**le,
die **Au**gen riesen**groß**,
*Mit Daumen und Finger darstellen*
ich **se**he gut im **Dun**keln
und **flieg** auf einmal **los**.
*Flugbewegungen*
Ich **ha**be scharfe **Kral**len,
*Fingernägel zeigen*
mein **Näs**chen ist sehr **spitz,**
*Finger krümmen*
und **in** dem Baum dort **ob**en,
da **hab** bei meinen **Sitz**.
Ich **schau** auf euch he**run**ter,
und **manch**mal ruf ich „**Wuuuh**".
Ich **kann** wirklich gut **se**hen,
drück **gern** ein Auge **zu**.
*Ein Auge zuhalten*

## Fünf Vögel
*Wolfgang Hering*

Fünf Vögel schlafen in einem Nest,
frühmorgens schlummern sie noch fest.
Der erste wacht auf und gähnt sogleich,
vom Schlummern ist er müde und bleich.
Der zweite springt mit einem Satz
auf einen warmen Sonnenplatz.
Der dritte öffnet die Augen ganz schwer,
als wenn er noch am Träumen wär.
Der Vierte hält den Kopf ganz krumm
und hüpft erst mal im Kreis herum.
Der Kleinste wird munter und ruft ganz keck,
kommt, wir fliegen jetzt alle weg.

*Ein einfaches Spiel mit einer Hand. Die Aktionen können alle mitmachen (Schlafen, Gähnen, die andere Hand wird zum Sonnenplatz, mit den Armen Flügelbewegungen ausführen etc.). Sie können das Fingerspiel dann in einem zweiten Durchgang mit der anderen Hand probieren.*

# Ein Federchen flog übers Land

*Joachim Ringelnatz*

Ein Federchen flog übers Land.
*Die Finger der linken Hand fliegen*
Ein Nilpferd schlummerte im Sand.
*Die rechte Hand wird zur Faust*
Die Feder sprach: „Ich will es wecken!"
Sie liebte es, andere zu necken.
Aufs Nilpferd setzte sich die Feder
*Die Finger fliegen sanft auf die Faust*
und streichelte sein dickes Leder.

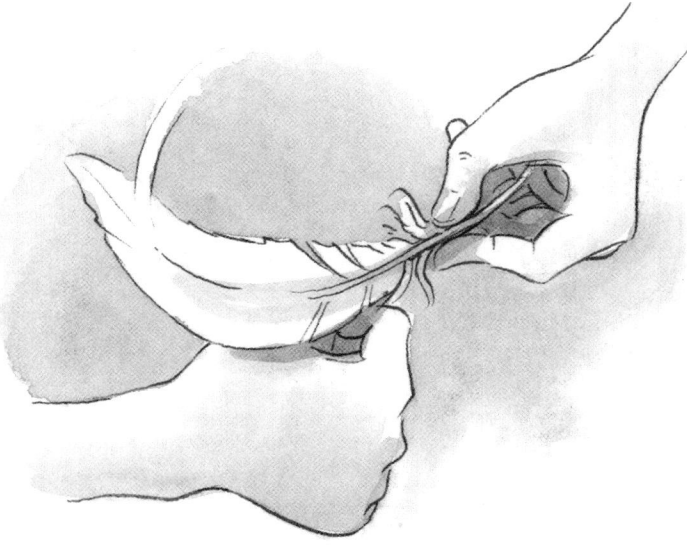

*Die Faust sanft streicheln*
Das Nilpferd öffnete den Rachen
*Die rechte Hand weit öffnen*
und musste ungeheuer lachen.

*Als Partnerspiel können Sie mit einer Feder über*
*den Handrücken des Kindes streicheln*

# Die Katze und fünf Vögel

*Wolfgang Hering*

Unsre Miezekatze will
auf einen Baum gelangen,
*Eine Faust stellt den Katzenkopf dar*
denn sie will die Vögel dort
nur zum Spaße fangen.

Großen Hunger hat sie nicht,
trotzdem sagt ihr Magen:
„So ein paar kleine Vögelchen
kann ich noch vertragen."

Mieze schleicht den Baum hinauf,
dort sitzen grad fünf Vögel.
*Die Finger der anderen Hand bilden die Vögel*
Die Katze denkt, ich krieg euch gleich,
ihr klitzekleinen Flegel.

Sie duckt auf alle Viere sich,
will nicht mehr lange warten
und setzt zum großen Sprung grad an,
da bellt der Hund im Garten.

Die Vögel fliegen alle fort,
*Die Hand verschwindet hinter dem Rücken*
sind nicht mehr zu erblicken.
Die Katze fliegt vom Baum hinab
und plumpst schwer auf den Rücken.
*Die Katzenhand fällt in den Schoß*

Benommen schleicht sie sich davon
und geht zu ihrer Mauer.
Dort schleckt sie schlechtgelaunt die Milch
und ist jetzt ganz schön sauer.
*Mitschlecken*

# 6. Und noch mehr Tiere

## Die verwandelten Finger
*Wolfgang Hering*

Zwei Finger können selber handeln,
sich schnell in Tiere mal verwandeln.
Sind Augen, schauen wie ein Affe,
*Daumen und Zeigefinger formen zwei Augen*
der Kopf am Hals einer Giraffe,
*Arm und Hand als Kopf und Hals der Giraffe*

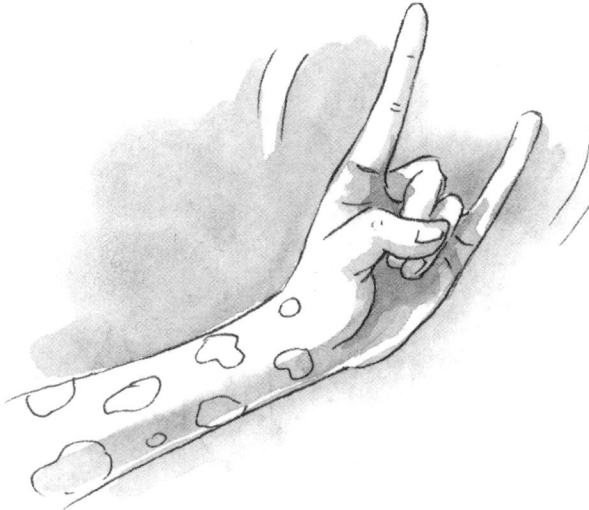

sind Fühler einer lahmen Schnecke,
*Zwei kleine Finger*
als Katzen sehn sie um die Ecke.
*Zwei Finger einer Hand krümmen sich seitlich*
Mit ihnen hört ganz gut der Hase,
*Zeige- und Mittelfinger sind die Ohren*
sind Löcher in der Nashornnase.
*Zwei große Kreise vor der eigenen Nase zeigen*
Als Hühner können sie was picken,
*Ein Zeigefinger pickt in die offene Hand*
als Flöhe dich aus Spaß mal zwicken.
*Den Nachbarn kurz antippen*
Als Mensch, da sagen sie kurz: „Hei,
komm mal auf einen Kuss vorbei!"
*Einen Handkuss geben*

## Fienchen und Till
*Wolfgang Hering*

Zwei kleine Meerschweinchen,
die treten jetzt hervor
*Zwei Finger einer Hand zeigen sich*
und strecken ihre Köpfchen
so hoch es geht empor.
Das eine, das heißt Fienchen,
das andere ist der Till.
*Jeweils einen Finger zeigen*
Sie haben großen Hunger
und quieken richtig schrill:
*Alle Kinder fiepen mit*
„Wer gibt uns jetzt das Grünzeug,
*Einen flachen Teller zeigen*
das lieben wir so sehr.
Hat man uns wohl vergessen?"
Sie sausen hin und her.
*Von links nach rechts und umgekehrt mit den*
*Fingern laufen*
Da raschelt es am Kühlschrank,
*Hände reiben*
sie sind gleich frohgemut.
Salat gibt es und Körner,
das schmeckt so richtig gut.
*Den Bauch reiben*
Sie schmatzen viel und werden
jetzt satt auf einen Schlag,
dann sausen beide Meerschweinchen
herum den ganzen Tag.
*Beide Finger bewegen sich kreuz und quer durch*
*die Luft*

## Lied: Der faule Frosch

*Text: Wolfgang Hering/Kerstin Siewek – Musik: Wolfgang Hering*

Es sitzt ein di-cker al-ter Frosch den lie-ben lan-gen Tag ganz

träg und faul am See he-rum und sagt nur im-mer „Quak".

Es sitzt ein dicker alter Frosch
den lieben langen Tag
ganz träg und faul am See herum
und sagt nur immer „Quak".

Die kleine Ente kommt vorbei
und wünscht ihm „Guten Tag",
da macht der Frosch ein Auge auf
und sagt nur einfach „Quak".

Und wenn ein Fisch geschwommen kommt
und wünscht ihm „Guten Tag",
da hebt der Frosch sein Füßchen hoch
und sagt nur einfach „Quak".

Da saust die dicke Fliege ran
und wünscht ihm „Guten Tag",
da streckt der Frosch die Zunge raus
und sagt zufrieden „Quak".

Und wenn die Maus gesprungen kommt
und wünscht ihm „Guten Tag",
da bläst der Frosch die Backen auf
und sagt nur einfach „Quak".

Stolziert dann mal ein Storch vorbei
und ruft „Wie war dein Tag?"
Da macht der Frosch sich klitzeklein
und sagt ganz leise „Quak".

Und kommt das hübsche Fräulein Frosch,
grüßt freundlich „Guten Tag",
da wird der Frosch doch etwas rot
und sagt ganz schüchtern „Quak".

Und kommt dann keiner mehr vorbei
den lieben langen Tag,
da wird dem Frosch ganz schwer ums Herz,
er denkt sich nur sein „Quak".

Besuchen Kinder mal den See,
wird das ein toller Tag.
Da springt der Frosch ganz wild herum,
ruft laufend „Quak, Quak, Quak". 3 ×

*Eine Hand öffnet sich, der Frosch sagt „Quak".*
*Als Fisch „paddeln" zwei Finger, der Zeigefinger*
*summt durch die Luft – und was fällt den Kin-*
*dern bei Maus und Storch und Fräulein Frosch*
*ein? Auch als Fingergruppenspiel geeignet.*

## Ei, wer kommt denn hier?

Ei, wer kommt denn hier daher?
Ist das nicht ein großer Bär?
*Mit beiden Armen einen großen Bauchumfang
andeuten*
Oder gar ein Elefant
*Eine Hand an die Nase halten, die andere durch
die Öffnung als Rüssel stecken*
aus dem fernen, heißen Land?
*Stirn abwischen*
Nein, es ist ein kleines Mäuschen,
*Mit Daumen und Zeigefinger zeigen*
und es sucht ein kleines Häuschen.
Ei, wo ist es, sag es doch.
Hier, im klitzekleinen Mauseloch.
*Ein winziges Loch zeigen*

## Fünf Haustiere
*Wolfgang Hering*

Fünf Tiere leben in einem Haus,
das frechste ist die kleine Maus,
die knabbert manchmal ohne Not
an einem kleinen Stückchen Brot.
Die Katze ist das zweite Tier,
das sehr viel Ärger macht.
*Mit den Händen vorwärts schleichen*
Sie jagt im Garten wild herum
und läuft schnell durch die Nacht.
Das dritte schwimmt als Fisch herum
in einem Aquarium.
*Eine Hand wird zum Fisch mit (Daumen)-
Flossen*
Er frisst immer mit großer Ruh,
wir schaun ihm gerne zu.
Und auch der Hund wohnt nebenan,
er bellt mal dann und wann.
Doch hat er seine Knochen nur,

dann bellt er nicht mehr, keine Spur.
Im Sommer haben wir zu Gast
die Wespe, die uns gar nicht passt.
Wir jagen sie ganz schnell hinaus.
So saust sie schnell aus unserm Haus.

*Sie fangen mit dem kleinsten Finger (der Maus)
an und versuchen, die Finger einzeln zu heben.
Die Aktionen der Tiere werden kurz angedeutet.*

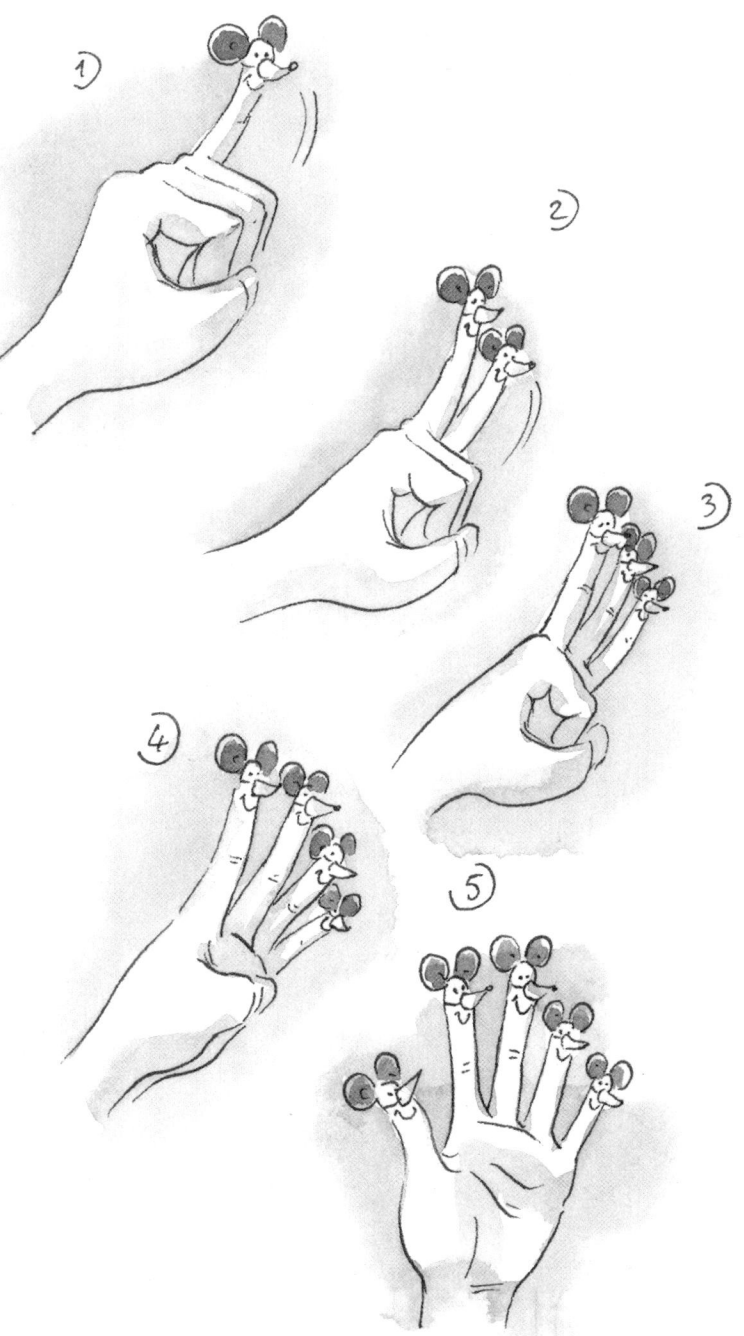

## Pöm und Pam

**Pöm** und **Pam**, die **bei**den,
die **mög**en **sich** gut **lei**den.
*Die beiden Fäuste stellen Pöm und Pam dar*
**Pöm** und **Pam**, die **wan**dern,
**ei**ner **mit** dem **an**dern
**in** die **wei**te **Welt** hi**naus**,
*Auf den Oberschenkeln zu den Knien bewegen*
**keh**ren **um** und **wan**dern,
**wan**dern **dann** zu**rück** nach **Haus**
und **ruh**en **sich** ein **Weil**chen **aus**.
**Jetzt** **sprin**gen **sie**,
**seht** nur, wie **Pöm** über **Pam** hüpft,
*Eine Faust über die andere halten*

**Pam** über **Pöm**
und **hopp** und **stopp**.
**Jetzt** **steig**en **sie**,
*Fäuste abwechselnd immer höher halten*
**seht** nur, wie **Pöm** über **Pam** hüpft,
**Pam** über **Pöm**,
**Pam**, **Pöm**, **Pam**, **Pöm**
**im**mer **weiter** **in** die **Höh**, oje!
**Ih**nen **wird** ganz **s**chwind**l**ig,
ganz **für**chter**lich**.
**Bums**, da **fall**en **sie** in den **Dreck**
und **lau**fen **so**fort **ganz** schnell **weg**.
*Die Fäuste verschwinden hinter dem Rücken*

## Fünf kleine Enten

Fünf kleine Enten gehen spielen
*Eine Hand zeigen, die dann hinter dem Rücken verschwindet*
hinterm Berg,
weit, weit weg.
Mama Ente ruft: „Quak, Quak, Quak",
und nur vier Enten kommen zurück.
*Vier Finger tauchen auf*
Vier kleine Enten gehen spielen …
… und nur drei Enten kommen zurück.
…
Da hebt der große Entenpapa seinen Kopf aus dem Teich
und ruft mit tiefer Stimme: „Quak"
*Laut und tief sprechen*
und hurra, hurra,
alle sind gleich wieder da.

## Kribbel, krabbel

Kribbel, krabbel, da kriecht eine Ameise her,
die trägt einen Zweig, der ist soooo schwer.
*Es beginnt ein Finger*
Die zweite Ameise fasst mit an,
nun krabbelt auch die dritte heran.
Die vierte sagt: „Ich helfe euch",
die fünfte packt mit an sogleich.
*Der Daumen kommt hinzu*
Gemeinsam sind sie voller Kraft
und haben den Zweig bald fortgeschafft.
*Nacheinander versuchen die Finger der rechten Hand den Daumen der linken Hand fortzubewegen. Zum Schluss gelingt dieses Vorhaben, aber nur, wenn alle anpacken.*

## Wi-Wa-Wackelgans

Kennst du die Wi-Wa-Wackelgans,
*Finger und Daumen bilden den Schnabel*
wackelt mit dem Federschwanz?
*Mit dem Po wackeln*
Mit dem Schnabel kann sie schnattern,
mit den Flügeln kann sie flattern,
*Die Hände machen Flugbewegungen*
schwimmen kann sie durch den Graben.
*Paddelbewegungen ausführen*
Diese Gans, die will ich haben.

## Die Ameise
*Wolfgang Hering*

Das ist eine Ameise,
*Zwei Finger krabbeln auf den Oberschenkeln*
die geht auf eine Reise.
Da trifft sie eine Bekannte,
die sie schon lange kannte.
*Zwei Finger der anderen Hand kommen hinzu*
Sie rennen beide im Dauerlauf
ganz schnell den Berg hinauf.
*Am Körper hochlaufen*
Und plötzlich regnet es in einem fort,
so suchen sie sich einen trocknen Ort.
*Die Hände verschwinden unter den Achseln*

## Max, das Eichhörnchenkind

Max, unser Eichhörnchenkind,
klettert auf den Baum geschwind.
*Zwei Finger klettern am Arm hinauf*
Knibber, knabber – Tannenzapfen,
knibber, knabber, die mag es sehr,
in der hohen, alten Tanne
springt es hin und springt es her.

*Mit den Fingern herumhüpfen*
Mit dem langen, buschigen Schwänzchen
steuert es von Ast zu Ast,
immer höher, immer weiter
ohne Ruhe, ohne Rast.
Und die vielen Nüsse fein,
*Die Nüsse sichtbar machen*
gräbt es für den Winter ein.
Und nun noch ein weiter Satz,
Achtung, Max, was ist denn das?
Du fällst runter in ein Loch!
*Ein Finger verschwindet in der anderen Hand*
Doch zum Glück, du lebst ja noch.
Max, der macht sich da nichts draus,
und ich helf ihm wieder raus.
*Die anderen Finger ziehen ihn heraus*

## Zwei Dinos, klitzeklein und groß

Da war ein Dino klitzeklein,
der wollte nicht alleine sein.
*Der kleine Finger betritt die Bühne*
Da kam ein Dino groß und schwer,
der wollte an das weite Meer.
*Der andere Arm mit der Hand als Kopf*
Der große Dino ging Schritt für Schritt,
da kam der Kleine nicht mehr mit.
Er musste hüpfen und springen
und konnte nur nach Luft noch ringen.

*Der kleine Finger bewegt sich hoch und runter*
Der Kleine rief: „Halt an, Alarm!
Ach nimm mich bitte auf den Arm."
Groß-Dino nahm ihn in die Höh
und lief mit ihm bis an die See.
*Die Hand fasst den kleinen Dinofinger und setzt ihn sich auf den Kopf*

## Hoppel hopp

**Hop**pel, **hop**pel, **hop**pel, **hopp**,
*Zeige- und Mittelfinger als Hasenohren*
hier **kom**mt der **flin**ke **Ha**se **Flopp**.
*Die Hand hüpft*
**Seine Ohr**en **macht** er **lang**.
*Mit der anderen Hand die Länge der Hasenohren andeuten*
Schau, **wie** er **da**mit **wack**eln **kann**.
*Zeige- und Mittelfinger wackeln*
Er **hat** ein **kus**chel**wei**ches **Fell**.
*Über den Handrücken streicheln*
Er **rennt** grad **wie** der **Blitz** so **schnell**.
*Hand läuft den Oberschenkel hoch und verschwindet dann hinter dem Rücken*

## Unser Nadinchen

Unser Nadinchen,
*Der Daumen der rechten Hand*
das hat fünf Kaninchen.
*Die Finger der linken Hand*
Das erste ist weiß wie Schnee,
das zweite frisst Gras und Klee,
das dritte hat ein Glöckchen um,
das vierte springt im Feld herum,
das fünfte ist noch gar nicht groß,
das sitzt dem Nadinchen auf dem Schoß!

*Die Finger nacheinander hochstrecken, am Ende legt sich der kleine Finger in die Handmulde vor Nadinchen und wird vom Daumen gestreichelt.*

## Die Schnecke

In unserem Garten kriecht eine Schnecke.
Sie kommt ganz langsam nur vom Flecke.
*Faust mit zwei ausgestreckten Fingern bewegt*
*sich auf dem Arm*
Sie hat ihre Fühler ausgestreckt,

huch, jetzt hat sie mich entdeckt.
*Die Finger schauen mich an*
Da zieht sie ihre Fühler ein
und kriecht ins Schneckenhaus hinein.
*Die Finger ziehen sich in die Faust zurück*

Sie will von der weiten Welt was sehn
und sagt zu mir „Auf Wiedersehn".
*Die „Fühler" winken mir zu*
Sie nimmt ihr Häuschen huckepack,
verschwindet ganz schnell mit Sack und Pack.
*Die Hand hinter den Rücken halten*
Vierzig Tage kriecht sie geradeaus,
dann hat sie genug und kommt wieder nach
Haus.
*Die Schnecke erscheint noch einmal*

## Guten Tag, Herr Elefant

**Gu**ten **Tag**, Herr **Ele**fant,
**ge**ben **Sie** mir **Ih**re **Hand**,
dann **schütt**eln **wir** sie **hin** und **her**
und **freun** uns **alle sehr**.
**Gu**ten **Tag**, Herr **Ele**fant,
**reich**en **Sie** die **an**dre **Hand**,
**bei**de **schütt**eln **wir** sie **doll**
und **fin**den **das** ganz **toll**.
**Gu**ten **Tag**, Herr **Ele**fant,
**ge**ben **Sie** mir **Ih**re **Hand**,
dann **schütt**eln **wir** sie **ab** und **auf**
und **ge**ben **noch** ein **Küss**chen **drauf**.
**Gu**ten **Tag**, Herr **Ele**fant,
**ge**ben **Sie** mir **Ih**re **Hand**,
**und** wir **klat**schen **bis** zum **Ende**
ein **je**der **fest** in **sei**ne **Hän**de.

*Ein Partnerspiel für vier Hände, die Aktionen*
*ergeben sich aus dem Text.*

## Ameisen krabbeln

Ameisen **krab**beln auf dem Ameisen**hau**fen,
*Einen großen Berg anzeigen*
**krab**beln und **krab**beln, wo die **Ha**sen **lau**fen,
*Hasenohren darstellen*
Ameisen **krab**beln am **Stra**ßen**rand**,
*Mit den Fingern der linken Hand seitlich an der rechten entlang krabbeln*
**krab**beln und **krab**beln an **je**der **Wand**.

*Pantomimisch eine Wand hochlaufen*
Ameisen **krab**beln in **Mau**er**ritz**en,
*Zwei Finger der anderen Hand bilden eine Ritze*
**krab**beln so**gar** auf **Kirch**turm**spitz**en.
*Mit beiden Händen ein Spitzdach darstellen*
Ameisen **krab**beln in **Blu**men**scha**len.
*Eine kreisförmige Schale andeuten*
Sie **krab**beln in **Soc**ken **und** Sandalen.
*Auf die Stellen zeigen*

Ameisen **krab**beln in **Honigtöp**fen.
*Mit der Zunge schlecken*
Sie **krab**beln in **rau**chigen **Pfei**fenköpfen.
*Eine Pfeife darstellen*
Ameisen **krab**beln auf **Brillenglä**sern,
*Zwei runde Gläser anzeigen*
**krab**beln und **krab**beln auf **Zitter**gräsern.
*Zittern*
Ameisen **krab**beln auf **Eisenbahnschwel**len,
*Zwei Finger parallel legen*
Ameisen **krab**beln auf **dun**klen **Stel**len,

*Augen zuhalten*
auf **Tep**pichen, **Tisch**en, auf **Bän**ken und **Bäu**men.
*Gegenstände pantomimisch andeuten*
Ameisen **krab**beln in **allen Räu**men.
Ameisen **krab**beln **lei**der, **lei**der
in **Hos**en, in **Hem**den, in **sämt**liche **Klei**der,
*Entsprechend anzeigen*
beson**ders**, wenn **du** sie **aus**ziehst beim **Ba**den,
*Kleider pantomimisch ausziehen*
wandeln sie auf **krum**men **Pfa**den.
Und **an den Füßen, zwisch**en den **Ze**hen,
wolln **sie** am **lieb**sten spa**zie**ren **ge**hen.
*Dorthin mit den Fingern wandern*

# Eine dünne Spinne

*Deutscher Text: Wolfgang Hering*

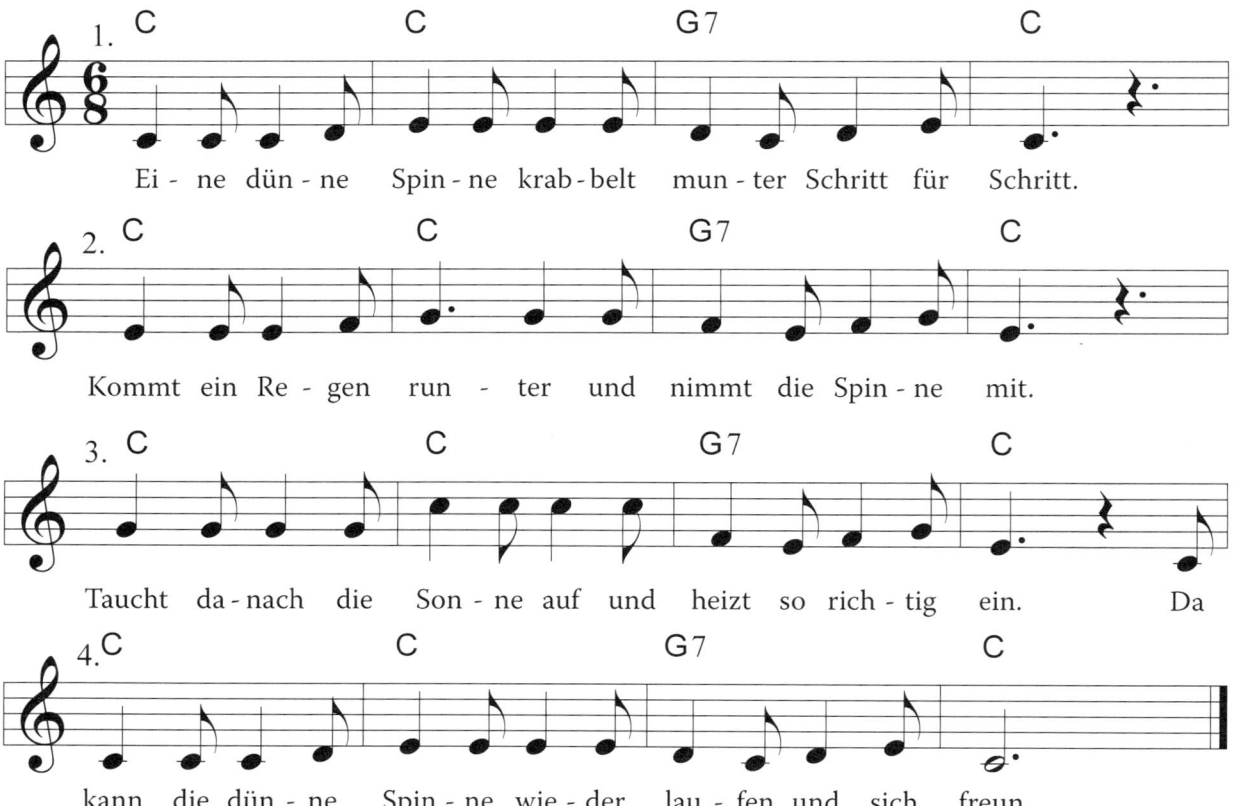

1. Ei - ne dün - ne Spin - ne krab - belt mun - ter Schritt für Schritt.

2. Kommt ein Re - gen run - ter und nimmt die Spin - ne mit.

3. Taucht da - nach die Son - ne auf und heizt so rich - tig ein. Da

4. kann die dün - ne Spin - ne wie - der lau - fen und sich freun.

Eine dünne Spinne
krabbelt munter Schritt für Schritt.
Kommt ein Regen runter
und nimmt die Spinne mit.
Taucht danach die Sonne auf
und heizt so richtig ein.
Da kann die dünne Spinne
wieder laufen und sich freun.

*Das bekannte englische Spiellied (Eency Weency Spider) besteht aus vier Teilen (jeweils zwei Zeilen):*

1. *Als wandernde Spinne berühren die Daumen jeweils die Zeigefinger der anderen Hand. Dann beginnt eine fortlaufende Kreisbewegung*
2. *Mit allen Fingern wird von oben nach unten der Regen gezeigt.*
3. *Beide Hände demonstrieren eine riesengroße Sonne.*
4. *wie 1.*

*Das Stück kann auch als Kanon gesungen werden.*

# Pi-Pa-Pinguin und
# Pa-Pi-Papagei

*Wolfgang Hering*

Ein **Pi**-**Pa**-**Pin**guin,
der **wat**schelt auf dem **Eis**.
*Ein Zeigefinger wackelt hin und her*
Ein **Pa**-**Pi**-**Pa**pagei,
der **schläft**, ihm ist sehr **heiß**.

*Der andere legt sich flach hin*
Der **Pi**-**Pa**-**Pin**guin,
der **schwimmt** nun durch das **Meer**.
*Mit einer Hand Schwimmbewegungen aus-*
*führen*
Der **Pa**-**Pi**-**Pa**pagei
wacht **auf** und läuft um**her**.
*Hin und her wandern*
Der **Pi**-**Pa**-**Pin**guin,
der **krab**belt jetzt an **Land**.
*Der Zeigefinger krümmt sich entsprechend*
Der **Pa**-**Pi**-**Pa**pagei
der **hüpft** grad durch den **Sand**.
*Auf und ab hüpfen*
Der **Pi**-**Pa**-**Pin**guin,
der **lang**weilt sich so **sehr**.
*Finger ruhig halten*
Der **Pa**-**Pi**-**Pa**pagei
meint **nun**, ein Freund muss **her**.
Der **Pi**-**Pa**-**Pin**guin,

der **ruft** dann einfach **an**
*Hand als Handy ans Ohr halten*
den **Pa**-**Pi**-**Pa**pagei,
ob **er** denn zeitlich **kann**.
*Auf die Uhr schauen*
Auf **ei**ner kleinen **Insel**,
da **tref**fen sich die **zwei**.
*Beide Finger treten gemeinsam auf*
Sie **tan**zen Hand in **Hand**
und **dre**hen sich da**bei**.
Der **Pa**-**Pi**-**Pa**pagei
sagt **im**mer alles **nach**,
**was** der Pi-Pa-**Pin**guin
so **spricht** den ganzen **Tag**.
*Sie sprechen etwas vor, die Kinder plappern*
*nach*

*Pinguin und Papagei können auch von den bei-*
*den Daumen gespielt werden.*

## Schau, da kommt mein Elefant

Schau, da kommt mein Elefant,
*Mit einer Hand einen Elefant darstellen, der
Mittelfinger ist der Rüssel*

kommt einfach so angerannt.
*Die Hand bewegt sich durch die Luft*
Schnauft und schnauft und schnauft so sehr,
*Mitschnaufen*
schwenkt den Rüssel hin und her,
*Den Mittelfinger bewegen*
kommt direkt aus Afrika,
*Stirn abwischen*

seit zwei Stunden ist er da.
Ist er denn zu Fuß gekommen,
*Füße laufen mit*
hat ein Bus ihn mitgenommen?
*Hände umfassen einen großen Lenker*
Oder reiste er per Bahn?
*Einem rasenden Zug hinterher sehen*
Kam er mit dem Dampfer an?
*Mit beiden Händen den Bug eines Schiffes
darstellen, das Tuten nicht vergessen*
Ist er durch die Luft geflogen?
*Arme bilden die Flügel*
Glaubt mir – alles ist gelogen.
*Abfällige Handbewegung*
Dieser kleine Elefant
wird gespielt von meiner Hand.
*Mit der anderen Hand auf den Elefanten
deuten*

## Das ist ein Stachelschwein

Das ist ein Stachelschwein,
*Alle zehn Finger hochstrecken*
das zieht jetzt seine Stacheln ein.
*Sie werden eingezogen*
Eins, zwei, drei, vier, fünf.
Dann streckt es die Stacheln wieder aus
und läuft in die weite Welt hinaus.
Zu mir, zu dir,
es krabbelt dort, es krabbelt hier.
*Sich gegenseitig kitzeln*
Das ist ein kleines Stachelschwein,
*Eine Hand des Kindes nehmen*
das möcht jetzt nicht mehr stachlig sein
und rollt sich ein.

## Schafft ihr das?

*Text/Musik: Wolfgang Hering*

Un-ser Fin-ger saust als Flie-ge drei-mal um den Kopf he - rum.

Tippt dann zwei-mal an die Na-se, lan-det schließ - lich auf dem Kinn.

Schafft ihr das? Schafft ihr das? Ja, das wär der Hit.

Zeigt mir, dass ihr es schon könnt und macht al - le mit.

Unser Finger saust als Fliege
dreimal um den Kopf herum.
Tippt dann zweimal an die Nase,
landet schließlich auf dem Kinn.

Refrain
Schafft ihr das?
Schafft ihr das?
Ja, das wär der Hit.
Zeigt mir, dass ihr es schon könnt
und macht alle mit.

Und zwei Finger gehn als Käfer
bis zum allerhöchsten Platz,
klettern dann die Ohren runter,
auf den Mund gibt's einen Schmatz.

Schiebt die Hände zu den Füßen,
kurz mal mit den Knien gewippt,
wackelt noch an euren Zehen
und dann auf den Bauch getippt.

Stellt euch jetzt auf einen Fuß nur.
Den andern haltet ihr ans Knie.
Wem gelingt das hier am längsten
und steht jetzt so bis morgen früh?

Refrain (2 ×)

*Zu den Strophen versuchen die Kinder, alle Bewegungsabfolgen mitzumachen. Es geht los mit dem Zeigefinger als Fliege. Zum Refrain klatschen alle mit.*

# Zwei Eichhörnchen
*Wolfgang Hering*

Zwei Eichhörnchen laufen durch den Wald.
*Die beiden Zeigefinger*
Der Winter kommt sicher, und dann wird es kalt.
Sie haben Hunger, es ist schon spät.
Das eine heißt Dicki, das andre Fred.
Sie schauen nach etwas Essbarem aus
und ziehen in den Wald hinaus.
Der Dicki sieht zuerst die Nuss,
macht gleich einen Freudenschrei.
Da wird auch die Suche von Fred belohnt.
Er findet am Boden gleich zwei.
Sie werden gesammelt, mit Gras bedeckt.
Wie viele haben sie dann versteckt?

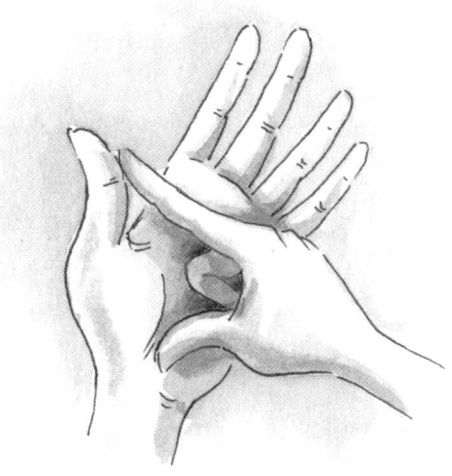

*Die Kinder zeigen die Anzahl an, bzw. das Rätsel wird aufgelöst*
Sie gehen noch weiter, ja drei liegen hier.
Und, super, dort noch mal vier.
Sie werden gesammelt, mit Gras bedeckt.
Wie viele zusammen haben sie versteckt?

*Wer löst die kleine Rechenaufgabe?*

## Der Gockelhahn

Auf der grünen **Wiese**, da **steht** ein Gockel-
hahn,
*Eine Hand zeigt den Hahnenkamm*
er **geht** so gern auf **Reisen mit** der Eisen**bahn**.
*Beide Hände drehen sich als Räder*
Der **Zug** hält **an**, der **Hahn** steigt **ein**
*Drehbewegungen hören auf, und der Kamm
wird wieder gezeigt*
und **fährt** zur Tante **Liese** in die **Stadt** hi**nein**.
„Hallo, Tante **Liese**", **spricht** der Gockel**hahn**,
„heut **bin** ich schon ge**fah**ren **mit** der Eisen-
**bahn**."
**Tan**te Liese **spricht**: „**Nein**, das glaub ich **nicht**,
*Mit dem Zeigefinger verneinen*
so **ein**en bunten **Goc**kelhahn **nimmt** die Bahn
nicht **mit**."

## Der Rabe

Der Rabe mit gewichtigem Schritt
stapft durch den weichen Schnee.
*Zwei Finger laufen auf der anderen Hand oder
auf dem Arm*
Er will uns um Krümel bitten,
der Hunger tut so weh.
*Daumen und Zeigefinger bilden den Schnabel*
Schnapp, schnapp, schnapp,
wir geben dir was ab.
Er schmatzt da mit Vergnügen,
lässt keinen Krümel liegen.
Dann spannt er seine Flügel aus
und fliegt zu Nachbars Haus.
*Die Daumen greifen ineinander, und die restli-
chen Finger stellen die Flügel dar*

## Mein kleiner Wobbel
*Wolfgang Hering*

Mein kleiner Wurm heißt Wobbel,
ist überhaupt nicht dumm.
Ihr haltet ihn im Auge,
er kriecht ganz gern herum.
Er schnuppert an den Füßen,
kriecht hinauf das Bein,
er will wohl in die Nase.
Da sag ich aber „Nein!"
Er krabbelt auf dem Kopfe,
versteckt sich hinterm Ohr
und schaut nach einer Weile
verstohlen wieder vor.
Er kitzelt mich im Nacken,
will unter meinen Arm,
da hab ich was dagegen.
Ich weiß, da ist es warm.
Er schleicht den Rücken runter,
kriecht überall mal rein
und findet eine Tasche,
dort schläft er ganz schnell ein.

*Der Zeigefinger führt die entsprechenden Bewe-
gungen aus.*

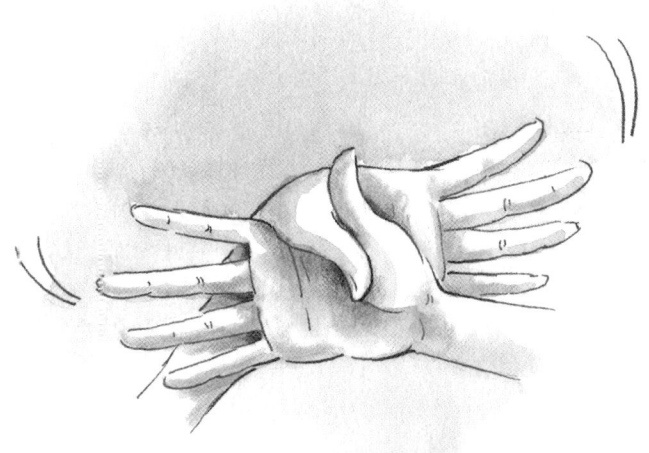

# Wie die Spinnen krumme Beine bekamen

Vor langer Zeit hatten die Spinnen lange, gerade Beine und liefen mit ihrem Körper hoch über dem Boden. Sie konnten aber das Arbeiten nicht ausstehen. Am liebsten lagen sie faul in der Sonne herum. Da kam eine Dürrekatastrophe über das Land. Es regnete nicht mehr, und die Tiere hatten nichts mehr zu fressen.

Die Kaninchen wollten sich nicht mit der Katastrophe abfinden. Sie gingen jeden Tag nach draußen und suchten nach Futter. Eines Tages kam dem Kaninchen-Papa ein wunderbarer Duft über eine Mauer entgegen. Das Kaninchen sprang hoch in die Luft und landete auf der anderen Seite der Mauer. Es sah einen großen Baum mit gewaltigen Blütenblättern mit dampfender Suppe darin. Oh – das roch sooo gut. Das Kaninchen sprach sanft zu dem Baum:
„So ein schönes Blütenblatt
macht uns alle richtig satt."

Als seine Bitte zu Ende gesprochen war, flog ein Blütenblatt mitsamt dem duftenden Inhalt sachte vor seine Füße. Das Kaninchen danke dem Baum, probierte etwas von der Suppe und lief nach Hause, um die köstliche Suppe zu verteilen. Von da an ging der Kaninchen-Papa jeden Tag zu dem Platz, sprang über die Mauer und rief zu dem Baum:
„So ein schönes Blütenblatt
macht uns alle richtig satt."
Die Kaninchen-Familie hatte genug zu fressen. Eines Tages lief dem Kaninchen-Papa beim Gang zu seinem Wunderbaum eine Spinne über den Weg. Sie fragte: „Woher bekommt ihr die herrliche Suppe?" Das Kaninchen sprach: „Bitte, folge mir" Es sprang auf die Mauer und auf der anderen Seite wieder herunter. Die Spinne sprang ebenfalls auf die Mauer und wieder hinunter. Sie hörte, wie der Kaninchen-Papa sagte:
„So ein schönes Blütenblatt
macht uns alle richtig satt."
Ein Blütenblatt kam mit der köstlichen Suppe heruntergeflogen. Nun war die Spinne an der Reihe. Sie hatte so großen Hunger, dass sie nur sagen konnte: „Gib mir das volle Blütenblatt, aber dalli." Sofort kam der Baum der Aufforderung nach. Das Blütenblatt krachte einschließlich der Suppe auf den Rücken der Spinne. Platsch! Die Spinne fiel flach auf dem Boden. Das Kaninchen zog sie unter dem Blütenblatt hervor und half ihr wieder auf die Beine. Mit Mühe und Not wurde die Spinne nach Hause gebracht. Der Arzt wurde gerufen und verordnete Bettruhe. In den nächsten Tagen machte das Kaninchen am Spinnenhaus jeweils einen kurzen Stopp und brachte der Spinne etwas Suppe.

Tage später verließ die Spinne ihr Bett. Nun konnte sie nicht mehr mit ihren langen Beinen gerade laufen. Sie krabbelte nur noch mit krummen Beinen herum. Mittlerweile war die Dürrekatastrophe zu Ende, und es gab wieder genug zu fressen.

Seit diesem Tag können Spinnen nicht mehr anders laufen als mit krummen Beinen.

*Nach einem afrikanischen Märchen. Eine Hand ist die Spinne. Das Kaninchen wird mit den Fingern der anderen Hand dargestellt. Ein Arm stellt die Mauer dar, und der Baum hat Äste – Arme, die nach oben zeigen. Das Blütenblatt schwebt als flache Hand nach unten. Das Kaninchen probiert von der Suppe (eine geöffnete Hand). Der Rücken der Spinne ist der Handrücken. Am Schluss sind die Finger eingeknickt.*

# In einem See

In einem See ganz klar und frisch
*Mit beiden Armen darstellen*
da lebt ein kleiner Fisch,
*Eine Hand schwänzelt*

er schwimmt, schwimmt, schwimmt,
*Mit der Hand Wellenbewegungen ausführen*

und springt, springt, springt.
*Die Hand hüpft nach oben*
Er taucht und paddelt
*Erst die Hand nach unten führen, dann waagerecht hin und her bewegen*
und ruht
*Die Hand still halten*
und lässt sich treiben in der Flut.
Stimmt's, das Fischlein hat es gut!
*Die Hand genau betrachten*

## Der Wüstenhase

Ein Wüstenhase
sucht die Oase.
*Die Finger hüpfen über den Bauch und malen
ein „?" in die Luft*
Hinter den Dünen
fragt er einen Beduinen.
*Die Finger krabbeln über den Arm*
Der sagt: „Geh nach Westen,
da findest du's am besten!"
Schon hüpft der Hase fort
und findet einen Ort.
*Die Finger hüpfen
über den anderen Arm*
Dort isst er viele Feigen,
tanzt mit Kamelen Reigen,
*Die Hand streicht
über den Bauch*

dann schläft er schließlich ein,
das soll's gewesen sein.
*Die Hände streichen rechts und links über den
Kopf zum Kinn*

# 7. Essen und trinken

## Der Nudelstrudel

Wir kochen Wasser,
nehmen Nudeln,
*Das sind die zehn Finger*
die schwimmen dann
in Wasserstrudeln.
*Hände wirbeln umeinander*
Erst sieht man sie als harte Nudeln,
*Finger ausstrecken*
dann fangen sie im Topf an zu trudeln.
*Finger tanzen herum*
Doch warte, warte gleich
auf einen Streich
sind alle weich!
*Die Finger bewegen*

## Zum Essen

Der erste holt den Topf,
der zweite holt die Milch,
der dritte holt den Zucker,
der vierte holt das Ei,
und der Kleine isst den süßen Brei.

*Ein einfaches Spiel: Die Finger treten der Reihe nach auf. Es beginnt der Daumen.*

## Die fünf Äpfel

Der erste Apfel schläft hoch im Baum
und träumt einen tiefen Apfeltraum.
Den zweiten Apfel wehe, wehe,
den holt die alte schwarze Krähe.
Den dritten Apfel pflückt der Klaus.
Das gibt bald guten Apfelschmaus.
Den viertel Apfel, den packt der Wind
und wirft ihn weit ins Gras geschwind.
Den fünften Apfel pflücke ich mir.
Ich reibe ihn ab und schenke ihn dir.

*Fangen Sie mit dem kleinen Finger an. Zum Schluss pflückt die linke Hand den rechten Daumen.*

## Das ist der Daumen

Das ist der Daumen,
der schüttelt die Pflaumen,
*Zeigefinger*
der liest sie auf,
*Mittelfinger*
der bringt sie nach Haus,
*Ringfinger*
und der Kleine
frisst sie alle auf.

## Mammuthunger

*Claudia Höly*

Ein Steinzeitjäger hat heut Hunger.
*Hand auf Bauch*
Der Magen knurrt und macht ihm Kummer,
knurrt wie ein Wolf, nein, wie ein Bär.
*Über den Bauch reiben*
Wo krieg ich was zu essen her?
*Mit Hand über den Augen spähen*
So geht er los – mit leisem Schritt
*Hände gleiten über Beine*
und seinen Speer, den nimmt er mit.
*Mit den Händen langen Speer andeuten*
Als er zur wilden Wiese geht,
*Hände gleiten über Beine*
ihr glaubt nicht, was da vor ihm steht!
*Augen aufreißen*
Da grast ein Mammut – breit und schwer,
*Umrisse des Mammuts zeigen*
der Jäger zückt den spitzen Speer
*Geschlossene Hand über die Schulter halten*
und zielt aufs Mammut, eins, zwei, drei,
*Pantomimisch den Speer schleudern*
jedoch, der Speer, er fliegt vorbei.
Das Mammut springt mit weitem Satz,
*Handflächen patschen auf Beine*
nichts gibt's zu essen, ratzefatz!
Der Magen knurrt, laut wie ein Bär.
*Über den Bauch reiben*
Wo krieg ich was zu essen her?
*Hand über die Augen*

Der Jäger geht nun in den Wald,
*Hände laufen über die Beine*
es wird schon dunkel und auch kalt.
*Arme um die Schultern legen, sich schütteln*
Da sieht er mitten in dem Wald
ein großes Haus, noch gar nicht alt.
*Hände zeigen spitzes Dach*
Und auf dem Haus, da steht „Geschäft".
*Kopf geht von links nach rechts*
Der Jäger denkt: „Das ist mir Recht!"
*Zeigefinger nach oben halten*
So geht er eins, zwei, drei hinein
*Hände abwechselnd auf Beine*
und kauft sich was zu essen ein.
Da gibt es Saft von Mammutblut
*Ersten Finger hochstrecken*
und Mammutspeck, der riecht so gut!
*Zweiter Finger*
Es gibt auch Mammut-Schokochips
*Dritter Finger*
und Mammutknochenerdnussflips.
*Vierter Finger*
Der Steinzeitmensch bezahlt mit Stein,
*Eine Hand zählt Geld in die offene andere*
und trägt den Schmaus im Fellsack heim.
*Hände über Schulter*
Hat alles auf den Spieß gesteckt,
*Beute „aufspießen"*
es hat ihm wunderbar geschmeckt!
*Über den Bauch reiben*

*Erklären Sie, was ein Mammut ist, und spielen Sie dann mit den Kindern diese witzige Steinzeitgeschichte.*

## Zu Bett, zu Bett!

„Zu Bett, zu Bett!", sagt der Daumenlott.
„Erst noch was essen!", sagt der Leckerpott.
„Wo soll ich's holen?", sagt der Langemann.
„In Großvaters Kammer!", sagt der Ringeling.
„Das werd ich verraten!", sagt das kleinste Ding.

*Die Finger werden nacheinander angefasst*

## Milchtopf

In der Küche auf dem Tisch
steht ein Topf mit Milch, ganz frisch.
*Eine Hand formt den Topf*
Die Katze will davon was trinken,
lässt das Maul leicht niedersinken,
*Zwei Finger sind das Katzenmäulchen*
steckt das Köpfchen in das Töpfchen

*Die zwei Finger verschwinden im „Topf"*
und trinkt und trinkt.
O weh!
Das Köpfchen will nicht mehr in die Höh!
*Die Hand hält die Finger fest, mit Schwung wird
der „Topf" nach oben gekippt*
Mit dem Töpfchen auf dem Köpfchen
läuft die Katze in den Schnee.
Und zieht mit beiden Pfoten und zieht und
zieht.
Kommt ein Stein da ganz gelegen.
Die Katze stößt genau dagegen.
Da geht das Töpfchen glatt entzwei.
*In die Hände klatschen*
Die Miezekatze ist wieder frei!

*Das Spiel funktioniert allein oder zu zweit. Bei
zwei Partnern werden nach dem ersten Spiel die
Rollen getauscht.*

## Fünf Zwerge

Da oben auf dem Berge,
*Mit dem Finger zeigen*
da ist der Teufel los.
Da zanken sich fünf Zwerge
*Fünf Finger*
um einen dicken Kloß.
*Die andere Hand als Faust*
Der erste will ihn haben,
der zweite lässt ihn los.
Der dritte fällt in den Graben.
Der vierte erhält einen Stoß.
Der fünfte schnappt den Kloß
und isst ihn auf dem Toast.

## Will mir einen Kuchen backen

**Will** mir einen **Ku**chen backen,
**ei**nen feinen **Ku**chen.
**Da**zu brauch ich **sie**ben Sachen,
**muss** sie alle **su**chen.
**Steht** ein dicker **Mehl**sack hier,
**d**icker Mehlsack, **komm** mit mir!
**Steht** ein großer **Fett**napf hier,
**gro**ßer Fettnapf, **komm** mit mir!
**Steht** die Zucker**do**se hier,
Zuckerdose, **komm** mit mir!
**Steht** ein Korb mit **Ei**ern hier,
**Korb** mit Eiern, **komm** mit mir!
**Steht** ein schwerer **Milch**topf hier,
**schwe**rer Milchtopf, **komm** mit mir!
**Steht** das kleine **Salz**fass hier,
**klei**nes Salzfass, **komm** mit mir!
**Liegt** ein langer **Löf**fel hier,
**lan**ger Löffel, **komm** mit mir!
**Steht** ein feiner **Ku**chen hier,
**Kin**der, kommt und **esst** von mir!

*Im Stuhlkreis zählen die Kinder mit den Fingern
mit. Ein Kind geht innen herum und sucht sich
die Zutaten (Kinder) zusammen. Bei „Steht ein
feiner Kuchen hier" fassen sich die Kinder in der
Kreismitte an den Händen und gehen mit erho-
benen Händen ganz eng zusammen.*

## Fünf kleine Kartoffelmänner

Fünf kleine Kartoffelmänner,
das waren pfiffige Leute.
*Eine ganze Hand zeigen*
Der Dickste war der Kartoffelkönig,
der machte den Kindern viel Freude.
*Daumen hochstrecken*
Der Zweite war recht lang und dünn
und legte sich als Pommes hin.
*Zeigefinger auf den Arm legen*
Der Dritte dann, ihr könnt es erraten,
wurde ein Knödel zum Schweinebraten.
*Mittelfinger zeigen*
Dem Vierten war es einerlei.
drum wurde er Kartoffelbrei.
*Ringfinger hin- und herbewegen*
Aus diesem Kleinen namens Fips
wurden viele Kartoffelchips.
*Kleinen Finger zeigen*
Nun rutschen alle Fünfe munter
tief in unsern Bauch hinunter.
*Sich den Bauch reiben*

STEHT EIN FEINER KUCHEN HIER!

## Geburtstagskuchen
*Claudia Höly*

Seht mal, der Geburtstagskuchen!
*Hände beschreiben einen Kreis*
Wer möchte gern ein Stück versuchen?
„Hurra, hurra, na ich, na klar!"
*Daumen strecken und bewegen*
„Ich auch, ich auch, mir knurrt der Bauch!"
*Zeigefinger*
„Oh, ja, oh, ja, bin auch schon da!"
*Mittelfinger*
„Oh Mann, oh, Mann, ich bin jetzt dran!"
*Ringfinger*
Der Allerkleinste aber spricht:
*Den kleinen Finger bewegen*
„Ein Stück Kuchen mag ich nicht!
Nein, ich esse lieber zwei,
mit Sahne und Kartoffelbrei!"
*Mit der Hand über den Bauch reiben*

## Mein Finger ist eine Bürste
*Wolfgang Hering*

Mein **Fin**ger ist eine **Bürs**te,
die **Zäh**ne sauber **macht**,
be**son**ders nach dem **Es**sen
wird **sie** in Schwung **gebracht**.
Das **muss** man richtig **üben**,
es **geht** von rot nach **weiß**.
**Fahr über** deine **Zäh**ne
stets **ei**nen kleinen **Kreis**.
**Sie saust** auch in die Ecken
und **müht** sich dabei **sehr**,
mal oben und mal **un**ten,
so **flitzt** sie hin und **her**.
Es **taucht** jetzt meine **Bürs**te
in **mei**nen Mund hi**nein**,
ja, **al**le weißen **Zäh**ne,
die **sol**len sauber **sein**.
Dann **zeig**en sie sich **präch**tig,
die **Bürs**te darf jetzt **gehn**,
und **al**le Leute **freu**n sich,
was **sind** die Zähne **schön**.

# Lied: Heut ist dein Geburtstag

*Text/Musik: Wolfgang Hering*

Heut ist dein Ge - burts - tag, du bist die Haupt-per - son.

Wir zei-gen dir die Jah - re an, so alt bist du jetzt schon.

Kommt, helft mit beim Zäh - len, die Fin - ger ma-chen mit.

Das sind so schö-ne Zah - len, wir zäh - len Schritt für Schritt.

Das sind so schö - ne Zah - len, wir zäh - len Schritt für Schritt.

Heut ist dein Geburtstag,
du bist die Hauptperson.
Wir zeigen dir die Jahre an,
so alt bist du jetzt schon:
*Mit den Finger zeigen: eins, zwei, drei …*
Kommt, helft mit beim Zählen,
die Finger machen mit.
||: Das sind so schöne Zahlen,
wir zählen Schritt für Schritt. :||
*Wieder zählen*

Dein Geburtstagskuchen,
der strahlt durchs ganze Haus.
Da brennen deine Kerzen,
das sieht ganz Klasse aus.

Lasst uns noch mal zählen
an diesem schönen Tag.
||: Später bläst du die Kerzen
dann aus auf einen Schlag. :||
*Das Geburtstagskind bläst die Kerzen aus*

Du packst mit viel Freude
jetzt die Pakete aus.
Wer schenkt dir was, was kommt da wohl
aus der Verpackung raus?
Heut hast du Geburtstag,
wir alle sind gut drauf.
||: Wir helfen dir beim Feiern,
und du bleibst lange auf. :||

*Die letzten vier Takte werden wiederholt. Die dritte Strophe klatschen alle mit.*

# 8. In der Natur

## Die Raupe

Aus einem Apfel, oh wie nett,
schaut eine Raupe, dick und fett!
*Aus der Faust schaut ein Zeigefinger hervor*
Sie frisst ein Blatt und noch ein Blatt,
bis sie sich satt gefressen hat.
*Rechter Zeigefinger „frisst" auf der linken Hand-*
*fläche einen Finger nach dem anderen weg*
Und ist der Sommer dann vorbei,
so schläft sie bis zum nächsten Mai!

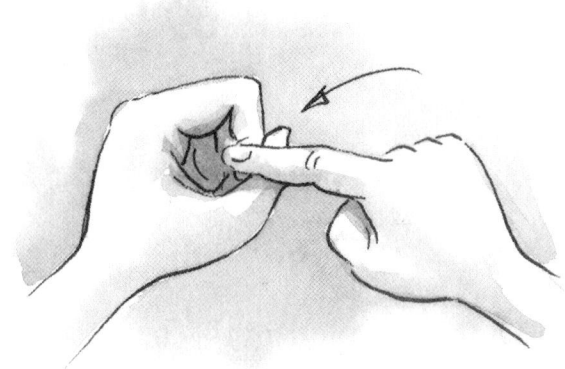

*Rechter Zeigefinger kriecht in die linke Faust*
Chhhhhhhhhh – chhhhhhh – chhh …
*Leise schnarchen*
Ganz langsam kriecht sie nun heraus
aus ihrem Raupenpuppenhaus.
*Rechter Zeigefinger kriecht aus der linken Faust,*
*beide Daumen liegen nebeneinander*
„So seht", ruft sie, „wie ich da drin
zum Schmetterling geworden bin!"
Sie breitet ihre Flügel aus
und fliegt dann in die Welt hinaus.
*Daumen bilden den Körper, die anderen Finger*
*die Flügel*

## Fünf Bäume

Fünf Bäume stehn im Garten,
da will ich fleißig warten,
damit in späteren Tagen,
sie viele Früchte tragen.
Der Baum, der kleine Daumen,
trägt bald schöne Pflaumen,
der Zeigefinger Birnen,
der mittlere ist ein Kirschbaum,
der gold'ne ist ein Apfelbaum,
und dieses kleine Fingerlein,
das soll unser Weinstock sein.
*Nacheinander an die entsprechenden Finger*
*fassen*

## Wer kann denn diesen Apfel tragen?

Fünf Finger stehen hier und fragen:
„Wer kann denn diesen Apfel tragen?"
*Finger schauen auf die Faust*
Der erste Finger kann es nicht,
*Daumen usw.*
der zweite sagt: „Zu viel Gewicht!"
Der dritte kann ihn auch nicht heben,
der vierte schafft das nie im Leben.
Der fünfte aber spricht:
„Ganz allein, so geht das nicht!"
Gemeinsam heben kurz darauf
fünf Finger diesen Apfel auf.
*Die Finger greifen nach der Faust*

## Zottelzaum will Äpfel klaun

Hinter einem Gartenzaun
*Hände verschränken*
steht ein großer Apfelbaum.
*Ein Arm als Baum, gespreizte Finger als Äste*
Und da kommt Zottelzaum,

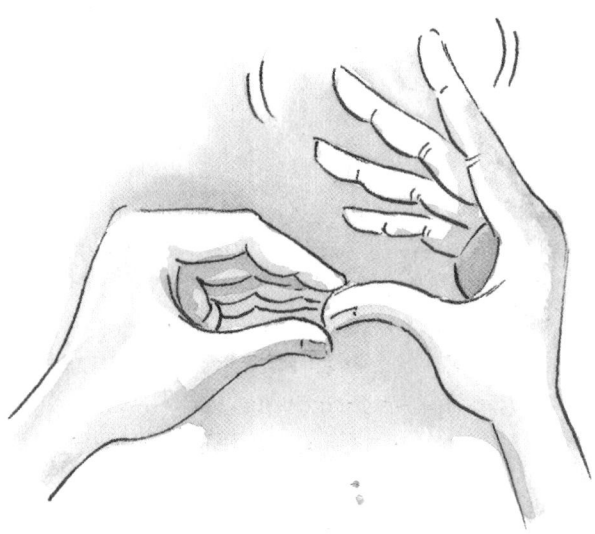

*Hand krabbelt den Baum hoch*
der will die ganzen Äpfel klaun.
Er klettert hoch von Ast zu Ast,
*Von Finger zu Finger springen*
hat alle Äpfel angefasst.
*Am Daumen anfangen*
Der erste Apfel, der schmeckt sauer, brrrrrr.
Der zweite Apfel hat einen Wurm, Iiiigittt.
Der dritte Apfel, der ist faul, bäääääääh.
Der vierte Apfel, der hat eine Wespe, ssssssttt.
Der fünfte Apfel, der ist klein,
aber der schmeckt fein.
*Über den Bauch streichen*
Da kommt der große Pustewind,
*Pusten*
da wackelt der Apfelbaum,
*Die Hand geht hin und her*
da zappelt der Zottelzaum,
plumps, da fällt er runter.

## Der Apfelbaum
*Wolfgang Hering*

Seht, das ist ein großer Stamm,
auf mir da sitzt ein Spatz.
Ich bin ein großer Apfelbaum
und steh auf meinem Platz.

Im Frühling gehn die Knospen auf,
es blüht der ganze Baum.
Ich recke mich ganz hoch hinauf
und bin ein weißer Traum.

Im Sommer piepst und zirpt es viel,
die Vögel sind zu Gast.
Es wachsen Äpfel langsam mir,
und grün ist jeder Ast.

Im Herbst, da saust der Wind ganz wild,
ich schwanke hin und her.
Und manchmal stürmt es fürchterlich,
die Äpfel werden schwer.

Dann fall'n sie alle nach und nach.
Ich hab dann meine Ruh.
Und schließlich deckt der Winter mich
mit weißen Flocken zu.

*Ein Arm ist der Apfelbaum, die Finger sind die Knospen. Vögel zwitschern und pfeifen, im Herbst pustet der Wind „huii". Dabei schwankt der Baum hin und her. Schließlich fallen alle in den Winterschlaf: Der Baum lässt seine Zweige hängen.*

## Der Kaktus

Ein **Kaktus** **stand** im **Wald**,
der **war** schon **mächtig alt**.
Da **kam** ein **Mann** mit **Glatze**
und **machte** eine **Fratze: Bäh!**
**Das** gefiel dem Kaktus **nicht**,
**und** er **stach** den **Bösewicht**.
Ihr **wisst** schon **wo: in** den **Po**.

*Für den Kaktus spreizen sich die Finger in verschiedene Richtungen ab. Die andere Hand verkörpert als Faust den Mann, sie öffnet sich kurz zu einer „Fratze". Am Ende sticht der Zeigefinger der „Kaktushand" in die Faust.*

## Der schöne Kirschzweig

Ei, seht den schönen Kirschzweig an,
fünf rote Kirschen hängen dran.
Das ist die Kirsche kugelrund.
Das ist die Kirsche kerngesund.
Das ist die Kirsche Zuckerblut,

und das die Kirsche gar so gut.
Die letzte Kirsche ist die Beste,
da kommt ein Spatz und seine Gäste.
Er rupft und zupft und reißt und beißt,
hat alle fünf dann gleich verspeist.

*Eine Hand spielt den Baum mit den fünf Fingern als Kirschen. Zeigefinger und Daumen der anderen Hand sind der Spatzenschnabel, der an den „Kirschen" zupft und zieht.*

## Mein Blumengarten

Ich säe in meinem Blumengarten
*Beide Arme ausbreiten*
viel Samen, winzig klein und schön,
und kann es dann fast nicht erwarten,
ihn keimen und gedeihen zu sehn.
Ich gieße fleißig, und ich jäte.
*Mit einer Hand gießen, mit beiden Händen die Hacke führen*
Ich pfleg die kleinen Pflänzchen gut,
*Alle Finger nach oben strecken*
damit auch jedes in dem Beete
gedeiht und wächst mit frohem Mut.
Und komm ich in den Garten heute,
da blühn die Blumen schon so schön.
*Finger noch höher strecken*
Nun freuen sich auch alle Leute,
die draußen dran vorübergehn.

## Rasen mähen

Der hat das Gras abgemäht,
der hat das Gras umgedreht,
der lädt es auf den Wagen auf,
der führt das Pferd den Berg hinauf,
und der Kleine, der sitzt oben drauf.

*Beginnen Sie mit dem Daumen.*

## Kokosnuss und Reißverschluss

Warum nur hat die Kokosnuss
noch immer keinen Reißverschluss?
Kokosnuss, Reißverschluss,
die Schale ist zu dick.

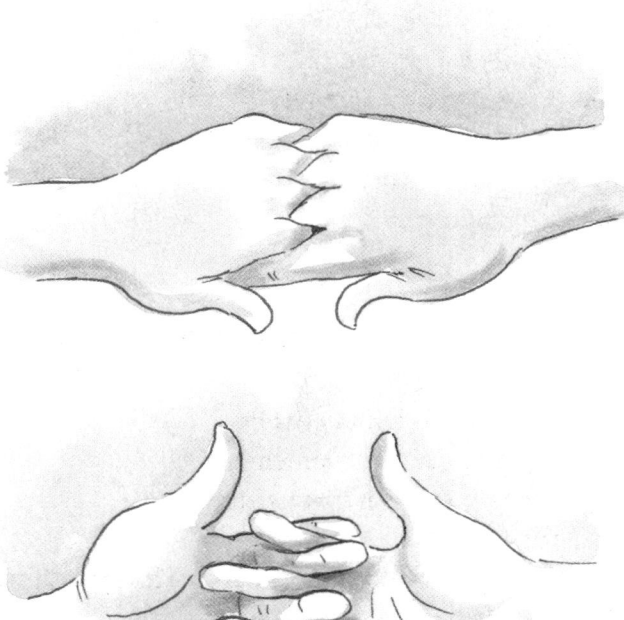

*Die Finger beider Hände werden ineinander verschlungen. Bei „Kokosnuss" und „dick" sind die Knöchel zu sehen, bei Reißverschluss die Fingerspitzen; Drehung also immer um 180 Grad. Versuchen Sie, den Text rhythmisch zu sprechen.*

## Die dicke Birne

Da hängt eine Birne, fast vergessen,
fünf Männlein hätten sie gerne gegessen.
Das erste Männlein fragt:
„Darf ich dich essen?"
Die Birne sagt: „Nein, nein, nein,
du bist mir viel zu klein."
Das zweite Männlein fragt:
„Darf ich dich essen?"
Die Birne sagt: „Das wär der Untergang,
du bist mir viel zu lang."
Das dritte Männlein fragt:
„Darf ich dich essen?"
Die Birne sagt: „Du hast kein Glück.
Du bist mir viel zu dick."
Das vierte Männlein fragt:
„Darf ich dich essen?"
Die Birne sagt: „Ich bleib am Holz.
Du bist mir viel zu stolz."
Das fünfte Männlein fragt:
„Darf ich dich essen?"
Die Birne sagt: „Das hat keinen Sinn.
Du bist mir viel zu dünn."
Da fällt die Birne ins Gras
und liegt da jetzt zum Fraß.
Da kommt der Igel mit seinen vier Jungen.
Schnell ist die ganze Birne verschlungen.

*Eine Faust wird zur Birne, die andere Hand stellt die fünf Männlein dar. Dieselbe Hand wird zum Igel (der Daumen) mit seinen Jungen (die vier anderen Finger).*

## Der Kahn

Die beiden Hände sind mein Kahn,
*Die beiden Hände zusammenhalten*
die Luft, die blaue See,
*Mit der rechten Hand die Wellen andeuten*
da kommt mein Schifflein an,
ich steige hinein, ade, ade.
*Winken.*
Fahre hin, fahre her,
fahre übers weite Meer.
*Hände nach vorne*
Und durch die welligen Wogen
*Händen machen Wellenbewegungen*
kommen die Fischlein gezogen.
*Mit dem Mund Fischmaul nachahmen*

Ich werfe rasch mein Netz ins Meer.
*Die Handflächen an die Brust halten und dann
nach vorne werfen.*
Liebe Fische, kommt doch her!
*Mit dem Zeigefinger winken*
Und das Schiff schwimmt hin und her,
*Schwimmbewegungen ausführen*
Unser Kahn schwimmt durch das Meer.
*Beide Hände vor dem Körper hin und her bewegen*
Dann ziehen wir die Netze ein,
*Mit beiden Händen die Netze einholen*
ein guter Fisch, der schmeckt sehr fein.
*Bauch reiben*

## Leise, leise

Leise, leise
*Finger vor den Mund halten*
ist die Schnecke auf der Reise.
*Auf dem Arm krabbeln*
Seit vielen, vielen Wochen
*mit den Fingern aufzählen*
ist sie herumgekrochen.
*Kriechbewegungen machen*
Nun ruht sie sich endlich aus
*Kopf auf gefaltete Hände legen*
in ihrem kleinen Haus.
*Kleines Haus zeigen*

## Das Pflaumenbäumchen

Kommt ein kleiner Mann daher,
kommt zum Pflaumenbäumchen,
schaut hinauf und freut sich sehr
und sieht viele Pfläumchen.
Und er schüttelt schwapp, schwapp, schwapp,
all die vielen Pfläumchen ab,
legt sie sorgsam in den Sack,
trägt sie nach Hause Huckepack.
*Ein Arm ist das Pflaumenbäumchen, die andere
Hand spielt das Männchen*

## Wind, Wind, blase

**Wind**, **Wind**, **blase**.
Im **Feld**, da **sitzt** ein **Hase**.
*Zwei Finger stellen die Ohren dar*
Er **frisst** den **schö**nen, **fet**ten **Kohl**.
Wer **jagt** das **klei**ne **Häs**chen **wohl**?
**Wind**, **Wind**, **blase**.

**Wind**, **Wind**, **wehe**!
Im **Wald**, da **sind** zwei **Rehe**.
Das **eine groß**, das **an**dre **klein**.
*Einmal ganze Hand, einmal kleiner Finger*
So **geht** es **über Stock** und **Stein**.
**Wind**, **Wind**, **wehe**.

**Wind**, **Wind**, **brause**.
Die **Maus** sitzt **hinterm Hause**.
*Der kleine Finger*
Sie **blin**zelt **da** aus ihrem **Loch**.
Die **böse Katze fängt** sie **doch**.
*Gekrümmte Finger*
**Wind**, **Wind**, **brause**.

**Wind**, **Wind**, **heule**!
Im **Dach** wohnt **eine Eule**.
*Augen mit Daumen und Zeigefinger formen*
Die **ärgert sich** den **gan**zen **Tag**,
dass **sie** kein **Mensch** mehr **lei**den **mag**.
**Wind**, **Wind**, **heule**.

**Wind**, **Wind**, **leise**!
Ein **Stern** geht **auf** die **Reise**.
*Gespreizte Hand*
Und **wer** ihn **sieht** dort **überm Baum**,
*Mit einer Hand hindeuten*
dem **schenkt** er **einen schö**nen **Traum**.
**Wind**, **Wind**, **leise**.

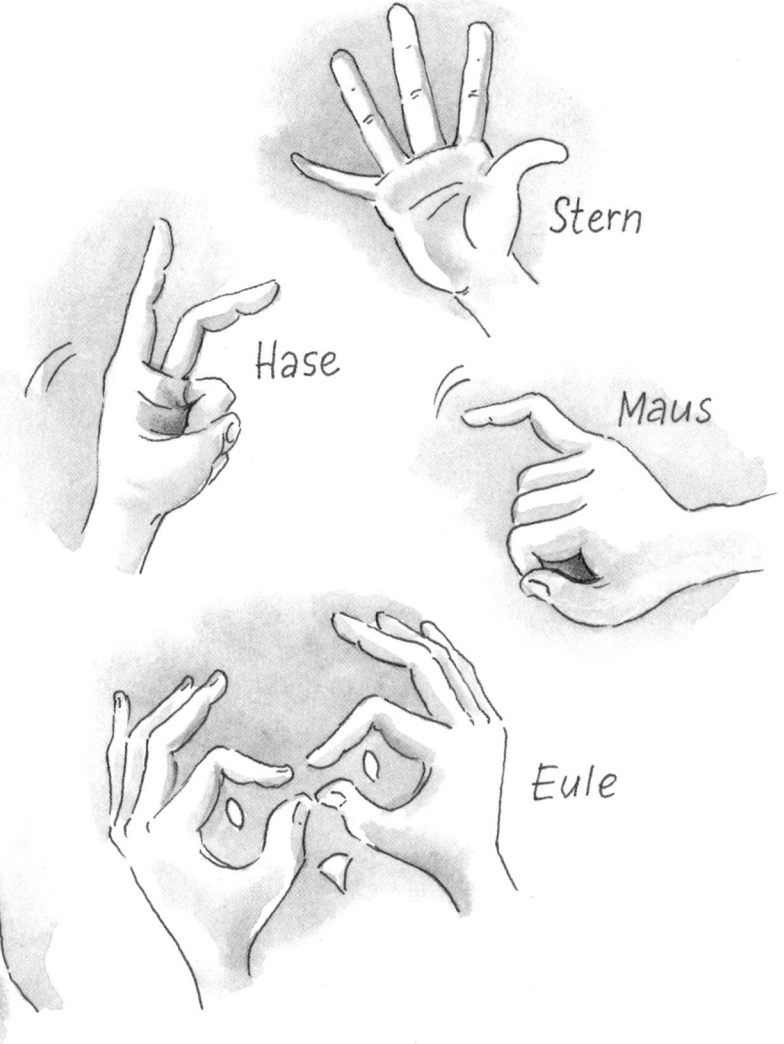

# Schneemann und Schneefrau

*Text: Wolfgang Hering/Bernd Meyerholz – Musik: Bernd Meyerholz*

Wir haben einen großen
Schneemann uns gebaut
||: und hoffen, dass der Schnee
nicht gleich schon wieder taut. :||
*Rechten Daumen hochstrecken, Finger der
linken Hand sind die herabfallenden Schnee-
flocken*

Zwei Knöpfe sind die Augen,
ein Mund, damit er spricht.
||: Und dann eine Karotte
sitzt mitten im Gesicht. :||
*Daumen und Zeigefingern sind die Augen, ein
waagerecht gehaltener Finger zeigt den Mund,
beide Fäuste sind die Nase*

Natürlich einen Hut
bekommt der Schneemann auch
||: und einen Besen in die Hand
vor seinen dicken Bauch. :||
*Beide HÄnden stellen den Hut dar, dann den
Besen in der Hand halten, schließlich Bauch
zeigen*

Da steht er, unser Schneemann
ganz einsam und allein.
||: Er schaut mit seinen Augen
wohl etwas traurig drein. :||
*Einen Daumen nach oben halten, weinerliches
Gesicht machen*

Wir baun ihm eine Schneefrau,
weil ihn das sicher freut.
||: Sie halten sich die Hände
und stehen da zu zweit. :||
*Der Daumen der anderen Hand nach oben
strecken, beide Daumen lehnen aneinander*

Doch dann kommt die Sonne
heraus aus dem Versteck.
||: Und das schöne Liebespaar,
das schmilzt ganz einfach weg. :||
*Hände beschreiben eine große Sonne, Daumen
verschwinden in der Faust*

# 9. Wir machen eine Reise

## Die Eisenbahn

Die rechte Hand ist die Eisenbahn,
die Finger sollen die Fahrgäste sein.
Sie steigen schon nacheinander ein.
Den Berg hinauf, die Lok muss schnaufen,
hinunter kann sie schneller laufen.
Sie bleibt dann stehn vor unserem Haus,
da steigen die Fahrgäste wieder aus.
Die sagen noch: „Auf Wiedersehn,
das nächste Mal soll's weitergehn!"

*Die Finger der linken Hand stellen die Fahrgäste
dar. Umhüllt von der rechte Hand fahren sie,
begleitet von Zuggeräuschen einer Dampflok,
immer höher und dann wieder abwärts. In
Brusthöhe steigen die „Fahrgäste" wieder aus.
Die Hand winkt zum Schluss.*

## Schifffahrt

Die **beiden Dau**men, **dick** und **klein**,
die **steigen in** ein **Schiff** hin**ein**.
Das **Schiff**lein **fährt** hin**aus** aufs **Meer**,
die **Däum**chen **freuen sich** so **sehr**.
Auf **ein**mal **kommt** der **Wind** da**her**
und **bläst** und **bläst** ins **weite Meer**.
Die Wellen **schwap**pen **rings** he**rum**,
sie **wer**fen **fast** das **Schiff**lein **um**.
Da **wird's** den **Däum**chen **bang** zu**mut**:
„Ach **lieber Wind**, sei **doch** so **gut**
und **stell** das **dum**me Bla**sen ein**,
wir **fürchten uns** so **ganz** al**lein**."
Da **bläst** der **gu**te **Wind** nicht **mehr**
und **schickt** den **Son**nen**schein** aufs **Meer**.
Die **Däum**chen **fah**ren **heim** ge**schwind**
und **sagen**: „Schönen **Dank**, Herr **Wind**."

*Die Daumen sind die Passagiere in einem von
den Fingern gebildeten Boot.*

# Fünf Fingerleute

Fünf Fingerleute wollen heute
einmal auf die Reise gehn
und mal etwas Großes sehn.
*Hände beschreiben einen großen Kreis*
Es sagt der dicke Daumenmann:
„Ich fahre mit der Eisenbahn."
*Zuggeräusche*
Der Zeigefingermann sagt:
„Nein! Ich steige in das Auto ein!"
*Mit beiden Händen lenken*
Der Lange, der fährt Omnibus
und schickt uns einen Urlaubsgruß.
*Die linke Hand ist der Bus, der rechte Zeige-*
*finger steigt ein*
Der Ringfinger will Seemann sein,
drum steigt er in den Dampfer ein.
*Linke Hand macht Wellenbewegungen*
Ins Flugzeug steigt der kleine Mann,
sieht sich die Welt von oben an.
*Die Arme fahren als Tragflächen aus*
Viel gibt's zu sehn,
die Fahrt ist schön,
doch nun ist's aus.
Es fahren unsre Fingerleute
alle schnell nach Haus.
*Hände in den Schoß legen*

# Wir sind fünf Piraten
*Claudia Holy*

Hallo, wir sind fünf Piraten,
*Fünf Finger zeigen*
wir gehn auf große Meeresfahrten!
*Hand hin und her drehen*
Ich bin der Hinz,
*Daumen strecken*
hab auf dem Schiff
alles sicher gut im Griff.

Ich bin der Mats, ich fange Fische,
*Zeigefinger strecken*
die gibt es dann zum Mittagstische.
Und ich bin der Piratenklaus,
*Mittelfinger*
sitz im Mastkorb und schau raus.
Mich nennt man hier den alten Knolz,
*Ringfinger*
ich habe ja ein Bein aus Holz.
Ich bin der Tom, ich putz und schrubbe,
*Kleiner Finger*
ich schrubb mit Wasser und mit Spucke.
Doch nun genug, wir müssen starten,
weil neue Abenteuer warten.
Macht's gut, ahoi, wir winken bloß,
*Winken*
Segel setzen, Leinen los!
*Segel mit beiden Händen aufziehen und*
*abfahren*

## Lied: Meine Kinder gehn auf Reisen

*Text/Musik: Wolfgang Hering*

Seht, die Kin-der wie sie lie-gen, — al-le schla-fen noch komplett. Ob sie heut die Kur-ve krie-gen? Husch, jetzt a-ber aus dem
Bett. Ob sie heut die Kur-ve krie-gen? Husch, jetzt a-ber aus dem Bett.

Seht die Kinder, wie sie liegen,
*Mit den Händen Augen bedecken*
alle schlafen noch komplett.
||: Ob sie heut die Kurve kriegen?
Husch, jetzt aber aus dem Bett! :||

Alle sind noch ganz benommen.
*Beide Hände mit gekrümmten Fingern zeigen*
Wir wolln heut spazierengehn,
||: schaun wir mal, wie weit wir kommen,
ja, es gibt so viel zu sehn. :||
*Eine Hand über die Augen halten*

Jedes Kind, das muss mal gähnen,
*Alle gähnen*
wacht dann schließlich richtig auf,
||: kurz ans helle Licht gewöhnen
*Mit den Augen blinzeln*
und zum Klo im Dauerlauf. :||
*Finger laufen auf den Oberschenkeln*

Danach geht's die Treppe runter,
langsam alle Schritt für Schritt.
*Fingern laufen auf der schräg gehaltenen Hand
nach unten*
||: Ja, die Kinder werden munter,
sind für heute richtig fit. :||
*Bizeps anspannen*

Wir gehn raus, wir wollen wandern
und im Wald spazieren gehn.
*Die Finger laufen auf dem anderen Arm entlang*
||: Zeigt mal, was ihr könnt, den andern,
lauft jetzt los, wir werden sehn. :||

Wir marschieren eine Stunde,
dann fängt es zu donnern an.
*Die Füße stampfen*
||: Fast geht hier die Welt zugrunde:
ein Gewitter, Mann oh Mann. :||

Kinder, lasst euch erst mal füttern,
euch ist sicher angst und bang,
*Eine Hand wackelt in der Luft*
||: und wir sehn, sie sind am Zittern,
wenn es blitzt, der Weg ist lang. :||

Schließlich hat der Spuk ein Ende,
alle Kinder sind ganz matt.
*Finger am Körper ablegen*
||: Greifen sich noch mal die Hände,
gehn nach Haus und sind ganz platt. :||

Jede Spritztour geht zur Neige,
auch die Kinder brauchen Ruh,
||: spiel'n nicht mehr die erste Geige,
machen ihre Augen zu. :||

*Das Stück ist gut für Fingerpuppen geeignet.
Sie können das Stück mit einer Hand
spielen oder auch mit
beiden Händen.*

## Meine Finger sollen heute Wellen sein

Meine Finger sollen heute Wellen sein.
*Wellenbewegungen mit den Fingern*
Die erste trägt ein großes Schiff,
*Mit dem Daumen beginnen*
die zweite steuert über Fels und Riff,
die dritte schaukelt hin und her,
die vierte macht ganz glatt das Meer,
die fünfte ist ein Bösewicht,
macht Schabernack, ihr glaubt es nicht,
spritzt Wasser dem Kapitän ins Gesicht.
Da gibt der noch mal richtig Gas.
Hey, das ist ein Wasserspaß.
Er fährt sicher, was ein Glück,
in den Hafen dann zurück.

*Ein Spiel für Badewanne oder Schwimmbad.
Nacheinander bewegen sich die Finger, der
kleine spritzt mit dem Wasser.*

## Fünf Matrosen

Eins, zwei, drei, vier, fünf
Matrosen woll'n auf Reisen gehen.
Eins, zwei, drei, vier, fünf
Matrosen woll'n von der Welt was sehn.

Der Daumen ist als Koch dabei.
„Zu Mittag gibt's Spinat und Ei!"
Der Zeigefinger, dass ihr's wisst,
ist auf dem Schiff der Maschinist.
Der Mittelfinger, seht mal an,
ist unser langer Steuermann.
Der Ringfinger ist der Kapitän,
muss immer nach dem Rechten sehn.
Der kleinste, der ist laut und keck
und springt als Schiffsjunge auf dem Deck.

*Mitzählen und die Finger nacheinander ins
Spiel bringen.*

## Sonntagsausflug
## der Igelfamilie

Die Igel machen sonntags früh
eine Segelbootspartie.
*Hände zum Wasserschöpfen formen*
Und die Kleinen jauchzen froh,
denn das Boot, das schaukelt so.
*Körper hin und her wiegen*
„Nicht so doll", ruft Mutter Igel,
*Mit den Fingern drohen*
„denn ihr habt ja keine Flügel.
*Arme sind die Flügel*
Wenn ihr dann ins Wasser fallt –
hu, da ist es nass und kalt."

## Fünf Finger machen eine Reise
*Wolfgang Hering*

Fünf Finger machen eine Reise,
ein jeder grad auf seine Weise.
Der erste ist nicht gerade reich
und wandert oft in Österreich.
Der zweite liebt den Süden sehr
und schwimmt durchs warme Mittelmeer.
Der dritte ist in Schnee vernarrt
und macht gern eine Schlittenfahrt.
Der vierte fliegt weit um die Welt,
weil ihm die Ferne so gefällt.
Der fünfte geht kaum vor die Tür,
am schönsten ist's zu Hause hier.

*Erst die Finger nach und nach heben, dann den
letzten allein hochstrecken*

# Lied: Die Hand auf Wanderschaft ☉

*Text/Musik: Wolfgang Hering*

Hand auf die Schul- ter! Wer kann das auch? Hand auf den Kopf und

dann auf den Bauch. Hand vor den Mund, ihr gähnt noch da-zu.

Hand hin-ters Ohr, so hört ihr gut zu. Hand hin-ters Ohr, so hört ihr gut zu.

Hand auf die Schulter!
Wer kann das auch?
Hand auf den Kopf
und dann auf den Bauch.
Hand vor den Mund,
ihr gähnt noch dazu.
||: Hand hinters Ohr,
so hört ihr gut zu. :||

Hand vor die Augen,
dunkel wird's dann,
jetzt auf das Kinn,
das Licht geht wieder an.
Hand an die Backen,
blast sie dick auf.
||: Haut einen Klaps mal,
kurz noch darauf. :||

Hand auf die Knie,
sucht diesen Ort.
Lasst sie dort liegen,
sie ruht einfach dort.
Hand an die Nase,
noch mal an den Bauch,
||: unter die Füße,
könnt ihr das auch? :||

Hand geht zur Hand nun,
drückt beide fest.
Sie reiben, dass keine
die andre verlässt.
Hand geht nach außen,
so weit es nur geht.
||: Ändert die Richtung,
die Hand wird gedreht. :||

*Probieren Sie selbst aus – es gibt verschiedene
Möglichkeiten. Versuchen Sie es auch mit beiden Händen, jeweils kurz hintereinander; z. B.
berührt die rechte Hand erst die linke Schulter,
danach die linke Hand die rechte Schulter.*

Hand in den Nacken,
tief ins Genick.
Kratzt euch am Rücken,
ein kleines Stück.
Hand geht zum Kopf
und dann noch zum Po.
||: Erst eine Seite,
die andre ebenso. :||

Hand an die Waden,
hintenherum,
bückt euch nach unten,
den Rücken ganz krumm.
Schließlich, da klatscht ihr
den Schlussapplaus.
||: Hand auf den Mund,
und das Lied ist aus. :||

## Der Traktor

Ein Traktor kommt um die Ecke geknattert.
Man erkennt ihn gleich,
wie er klappert und knattert
und rüttelt und ruckelt
und zittert und knackt
und schüttelt und zuckelt
und stottert im Takt.
Bis unter die Brücke zum dicken Bagger
wackelt der Traktor mit,
take taketa taketa – take taketa – pfff,
take pfff take aus,
dann geht der Traktorfahrer nach Haus.

*Die Handballen werden aneinander gelegt und
für das „Knattern" kurz hintereinander zusam-
mengepresst.*

## Das Raumschiff

*trad./Wolfgang Hering*

Seht euch doch das Raumschiff an,
das in den Weltraum fliegen kann!
*Die Fingerspitzen bilden ein Raumschiff*

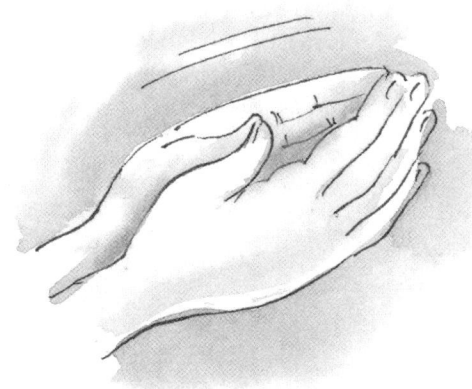

Der Kapitän ruft „Kommt an Bord!
*Der Zeigefinger beginnt*
Wir fliegen in den Weltraum fort!
Steigt bitte in die Kapsel rein
und nehmt rasch eure Plätze ein!"
Der zweite steigt die Treppe rauf
und klopft dort an: „Nehmt ihr mich auf?"
Mit schwerem Schritt kommt da der dritte,
setzt sich genau dort in die Mitte.
Der vierte klettert hoch jetzt auch
mit Instrumenten um den Bauch.
Nun schnallt euch fest und gebt gut Acht,
gleich geht es los, es knallt und kracht.
Zehn, neun, acht, sieben, sechs, fünf, vier, drei,
zwei, eins, Start
Der Flug wird sicher ganz schön hart.
Wir fliegen jetzt zum Mars,
das wars.

## Die fünf Bauern

*Wolfgang Hering*

Es schlafen noch fünf Bauern
im Bett ganz lang gestreckt.
*Eine Hand liegt auf den Oberschenkeln*
Im Morgengrauen, da werden sie
vom Hahnenschrei geweckt.

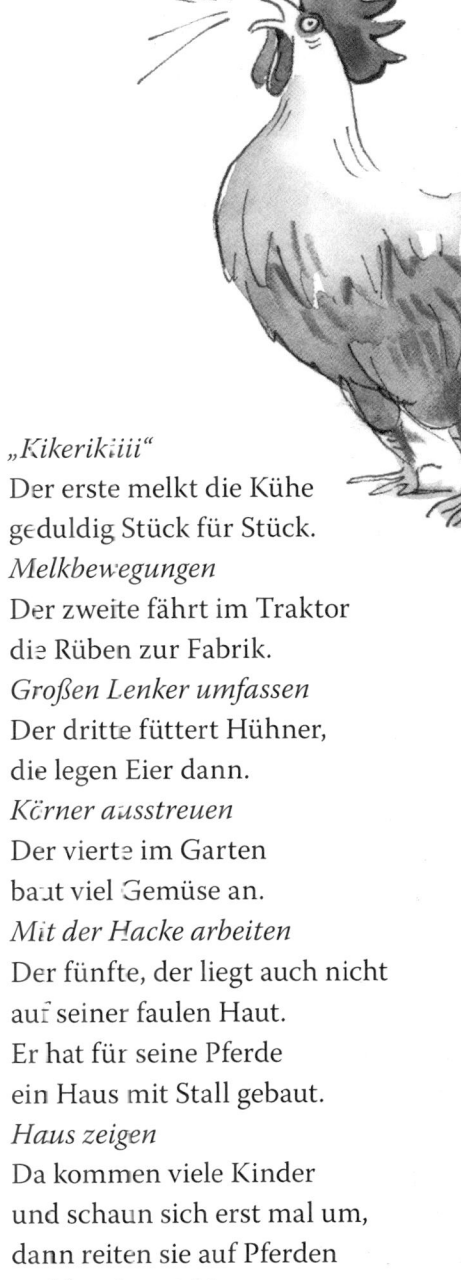

„Kikerikiii"
Der erste melkt die Kühe
geduldig Stück für Stück.
*Melkbewegungen*
Der zweite fährt im Traktor
die Rüben zur Fabrik.
*Großen Lenker umfassen*
Der dritte füttert Hühner,
die legen Eier dann.
*Körner ausstreuen*
Der vierte im Garten
baut viel Gemüse an.
*Mit der Hacke arbeiten*
Der fünfte, der liegt auch nicht
auf seiner faulen Haut.
Er hat für seine Pferde
ein Haus mit Stall gebaut.
*Haus zeigen*
Da kommen viele Kinder
und schaun sich erst mal um,
dann reiten sie auf Pferden
und hüpfen viel herum.

## Maxi kann gut tanzen

*Text: Wolfgang Hering – Musik: traditionell*

Ma- xi kann gut tan - zen, Ma - xi kann gut tan - zen.

Auf dem Dau - men seht, wie er sich dort dreht. Auf dem dreht.

So kommt Ma - xi gut in Trab und tritt von dem Dau - men ab.

||: Maxi kann gut tanzen,
Maxi kann gut tanzen. :||
||: Auf dem Daumen, seht,
wie er sich dort dreht. :||
*Der Zeigefinger spielt Maxi, hier hüpft er im*
*Takt auf dem Daumen der anderen Hand*
So kommt Maxi gut in Trab
und tritt von dem Daumen ab.


||: Seht, den kleinen Maxi,
seht den kleinen Maxi. :||
||: Auf der Hand, Hand, Hand
tanzt er elegant. :||
*Zeigefinger hüpft auf der offenen Handfläche*
So kommt Maxi gut in Trab
und tritt von dem Händchen ab.

||: Maxi will nach oben,
Maxi will nach oben.:||
||: Sogar auf dem Kopf
tanzt der kleine Knopf. :||
*Zeigefinger tanzt auf dem Kopf, verbeugt sich*
*und kommt wieder nach unten*
So kommt Maxi gut in Trab
und tritt von dem Köpfchen ab.


||: Klettert auf den Schultern,
klettert auf den Schultern, :||
||: geht mit schnellem Gang
auf dem Arm entlang. :||
*Zeigefinger läuft über die Schulter den Arm*
*hinunter*
Wackelt mit dem Körper mit,
so bleibt Maxi richtig fit.

||: Maxi springt ganz munter,
Maxi springt ganz munter. :||
||: Auf dem Bein, Bein, Bein,
tanzt er ganz allein. :||
*Zeigefinger dreht auf dem Oberschenkel eine*
*Pirouette*
Das ist eine tolle Tat.
Maxi ist sehr gut auf Draht.

||: Läuft am Knie hinunter,
läuft am Knie hinunter. :||
||: Streckt den Fuß astrein,
dabei in die Luft hinein. :||
So kommt Maxi gut in Trab
und steigt jetzt noch tiefer ab.
*Zeigefinger hüpft vom Knie auf den Fuß*

||: Springt jetzt auf den Füßen,
springt jetzt auf den Füßen, :||
||: da am Boden auf den Zehn,

kann man ihn beim Tanzen sehn. :||
Und dann ist er richtig schlapp
und tritt von der Bühne ab.
*Zeigefinger hüpft auf den Zehen (vorher Schuhe*
*ausziehen!), verbeugt sich noch einmal und ver-*
*schwindet hinter dem Rücken*

*Die Melodie stammt von einem französischen*
*Spiellied. Aus „Jean petit" wurde in meiner*
*Übertragung Maxi. Hier ist die erste Strophe*
*des Originals abgedruckt:*

**Jean petit qui danse**
*(Französischer Originaltext 1. Strophe)*

Jean petit qui danse, 4 ×
De sa main il danse,
De sa main, main, main … 2 ×
Ainsi danse Jean petit. 2 ×

## Roller

Roller, Roller, rattatat,
wenn Robert einen Roller hat,
dann rollt er durch die ganze Stadt.
Roller, Roller, rattatat.

*Die Hände umkreisen sich rhythmisch in einer*
*Drehbewegung.*

## Fünf Kinder gehen in den Zoo

Fünf Kinder gehen in den Zoo,
und jedes ruft: „Ich freu mich so,
ich freu mich so!"
Das erste will gleich zu den Affen,
das zweite nur zu den Giraffen.
Das dritte will den Tiger sehn,
das vierte will zum Nashorn gehn.
Das fünfte ruft: „I wo, I wo,
ich muss erstmal aufs Klo!"

*Beginnen Sie mit dem Daumen.*

# 10. Was für ein Wetter

## Lied: Schrubbi schrubb

*Text/Musik: Wolfgang Hering*

Heut sind die Wol-ken dun-kel, ganz trü-be ist das Licht. Ganz oft kommt Re-gen run-ter und

hel-ler wird es nicht.    Da woll'n wir Wol-ken put-zen.  Wir  la-den al-le ein.    Der

Him-mel, der soll wie-der so rich-tig sau-ber sein.  Schrub-bi schrubbi, schrubb schrubb,

wi-schi, waschi, wasch.  Schrub-bi  schrub-bi,  schrubb schrubb, wi-schi, wa-schi, wasch.

Heut sind die Wolken dunkel,
ganz trübe ist das Licht.
Ganz oft kommt Regen runter,
und heller wird es nicht.
Da woll'n wir Wolken putzen.
Wir laden alle ein.
Der Himmel, der soll wieder
so richtig sauber sein.

Refrain:
||: Schrubbi schrubbi, schrubb schrubb,
wischi, waschi, wasch. :||

Wir brauchen etwas Spucke,
die hilft uns dieses Mal,
dann warmer Wind in Tüten
mit etwas Sonnenstrahl.
Wir rühr'n am See das Wasser,
die Frösche quaken laut,
dass keine schwarze Wolke
sich hierher zu uns traut.

Dann hol'n wir uns den Besen,
gehn auf den Berg hinauf
und unser Wetterputz, der nimmt
am Himmel seinen Lauf.
Na klar, für diese Mühen,
gibt's bald dann unsren Lohn
Das Wetter, das wird glänzend,
wir warten alle schon.

*Mit beiden Händen werden die Wolken geputzt. Dann werden im Refrain abwechselnd halbtaktig rhythmische Kreisbewegungen ausgeführt. In der zweiten Strophe spucken wir in die Hände und rühren das große Wasser an. Dann halten wir mit beiden Händen den Besen in der Hand und kehren.*

## Sonne- und Mondgesicht

Liebe Sonne, komm heraus,
komm aus deinem Wolkenhaus!
Schick den Regen weiter,
mach den Himmel heiter!
Liebe Sonne, komm heraus,
komm aus deinem Wolkenhaus!

Der Mond ist rund,
der Mond ist rund,
er hat zwei Augen,
Nase und Mund.

*Für Eltern-Kind-Gruppen: Während der Vers gesprochen wird, malen die Erwachsenen in den Handteller ihres Kindes zunächst eine Sonne mit vielen Strahlen. Die Sonne bekommt am Ende ein lachendes Gesicht. In die andere Hand kommt der Mond. Machen Sie zwei Durchgänge, erst haben die Kinder ihre Augen offen, dann sind sie geschlossen.*

## Der Herbst ist da!

Der Daumen sagt: „Der Herbst ist da!"
Der Zeigefinger ruft: „Hurra, hurra!"
Der Mittelfinger sagt: „Igittigitt,
der Herbst bringt auch viel Regen mit."
Der Ringfinger schreit gleich drein:
„Der Herbst, ja, der beschenkt uns fein."
Der Kleine freut sich sehr und lacht:
„Er hat uns Obst und Getreide gebracht."

## Guten Tag, Frau Nachbarin

Guten Tag, Frau Nachbarin,
was ist in der Faust wohl drin?
Da wachsen ja fünf Blätter raus,
sieht das nicht wie eine Blume aus?
*Die Hand langsam weit öffnen*
„Aber nein, diese Dinger
sind ja meine Finger,
mit denen ich dich am Kitzeln bin,
guten Tag Frau Nachbarin."
*Das Kind kitzeln*

## Viele Regentropfen

Viele, **vi**ele **Re**gen**trop**fen
**tröp**feln **in** das **Re**gen**fass**.
**Re**gen, **Re**gen, **Tröpf**chen,
es **reg**net **mir** aufs **Köpf**chen,
es **reg**net **aus** dem **Wol**ken**fass**,
und **alle Blüm**chen **wer**den **nass**,
**alle Grä**ser **sa**gen **Dank**
**für** den **lie**ben **Him**mels**trank**.

*Die zehn Finger deuten herabfallende Regentropfen an, dann mit Händen das Regenfass bilden. Mit den Fingerspitzen auf den Tisch trommeln, dann die Hände schützend über den Kopf halten. Bei „Wolkenfass" wieder ein Fass bilden; danach die Hände zu einer Knospe aneinander legen, langsam zur Blume öffnen, zuletzt klatschen.*

## Was sagen die fünf Finger?

Der erste sagt:
„Wenn's regnet, da bleib ich zu Haus!"
Der zweite sagt:
„Wenn's regnet, da geh ich nicht raus!"
Der dritte sagt:
„Wenn's regnet, das ist gar nicht nett!"
Der vierte sagt:
„Wenn's regnet, da bleib ich im Bett!"
Der fünfte sagt:
„Wenn's regnet, kann ich's kaum erwarten,

ich lauf unter dem Schirm in den Kindergarten!"

*Aus der geschlossenen Faust werden nacheinander die Finger bewegt. Beginnen Sie mit dem Daumen. Der kleine Finger läuft schließlich vorwärts mit der anderen Hand als Regenschirm über sich.*

## Die beiden Spätzchen schütteln sich

Die beiden Spätzchen schütteln sich,
*Hände schütteln*
denn sie sind schon pitschenass.
Wie sie auf dem Zaune hocken!
*Die Hände bilden ein Gitter*
Kommt die Sonne, macht sie trocken.
*Die Finger spreizen und die Sonnenstrahlen zeigen*

## Zwerge

All die vielen kleine Zwerge
von dem hohen Tannenberge
wollen heut spazieren gehn,
denn die Sonne scheint so schön.
All die Packs und Pucks und Fritze
wackeln mit der Zipfelmütze.
Zwicken sich und zwacken sich,
fangen sich und haschen sich.
Doch oje, da kommt sodann
eine dicke Wolke an.
Viele kleine Regentröpfchen
fallen auf die Zwergenköpfchen.
Zwerge, lauft nun schnell nach Haus,
reißt vor dieser Wolke aus
in ein sicheres Versteck.
Husch, nun sind sie alle weg.

*Die Finger laufen den Arm rauf und runter, zwicken sich gegenseitig. Die Regentropfen trommeln auf den Kopf. Am Schluss verschwinden die Hände hinter dem Rücken.*

## Wetterhaus

Seht, das ist mein Wetterhaus,
schauen Frau und Mann heraus.
Wenn die kleine Frau erscheint,
zeigt sich, dass die Sonne scheint.
Fängt's jedoch zu regnen an,
kommt heraus der kleine Mann.
Mann, bleib drin im kleinen Haus,
schick uns deine Frau heraus!

*Frau und Mann werden von den beiden Daumen gespielt.*

## Pitsch, patsch, patsch

Pitsch, patsch, patsch,
wir laufen durch den Matsch.
Und wer hier nicht mehr weiter kann,
der zieht die Gummistiefel an.
Pitsch, patsch, patsch!

*Ein Stück zum rhythmischen Patschen auf die Schenkel oder als Klatschspiel für zwei Kinder.*

## Fünf kleine Pfützen

*Wolfgang Hering*

Wir sehn fünf kleine Pfützen,
der Regen, der war hier.
Wir springen in die erste,
da waren es noch vier.

Da sind vier kleine Pfützen,
ein Hund macht Schweinerei,
er wälzt sich in dem Wasser,
da waren es noch drei.

Jetzt gibt's noch drei Pfützen,
ein Auto braust vorbei,
wir werden alle pudelnass,
nun sind es nur noch zwei.

Es bleiben jetzt zwei Pfützen,
kommt eine Katze her
und schlürft an einer Pfütze,
die gibt es dann nicht mehr.

Da liegt noch eine Pfütze,
die Sonne lässt sich sehn.
Wir sagen zu der Pfütze,
mach's gut, auf Wiedersehn.

*Betonen Sie die Zahlen, und zeigen
Sie sie mit den Fingern an.*

## Der kalte Wind

Huh, huh, wie bläst du kalt, Herr Wind!
Mein Türchen mach ich zu geschwind
und öffne ein andres da drüben.
„Ich blase auch da, ganz nach Belieben!"
Da mach ich jenes wieder zu
und ruf vergnügt: „Bleib draußen, du!"
Der Wind, der macht ein böses Gesicht.
Das Eichhörnchen drinnen sieht es nicht.
Der Wind rüttelt an dem Baum.
Das Eichhörnchen drinnen merkt es kaum.
Es lässt dem Winde seinen Lauf
und knackt sich ein paar Nüsse auf.

*Die Hände aneinander halten, vorne öffnen und
hineinblasen. Tür schließen und hinten öffnen
und hineinblasen. Auch diese Tür schließen,
Hände rütteln und bei „knackt" klatschen. Andere Körperteile sind auch noch da!*

# Donner-Wetter

*Text: Claudia Höly/Rainer Johann Gross – Melodie: Rainer Johann Gross*

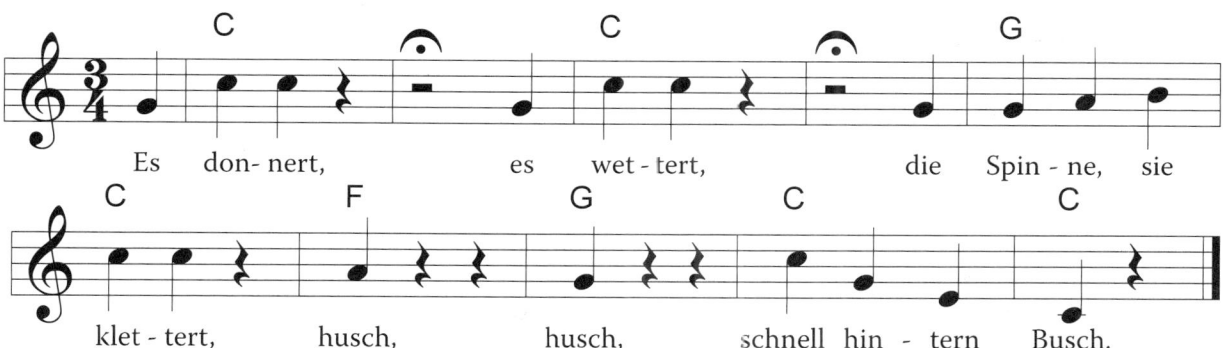

Es don- nert, es wet - tert, die Spin - ne, sie klet - tert, husch, husch, schnell hin - tern Busch.

Es **don**nert,
*Lautes Klatschen auf der betonten Silbe*
es **wet**tert,
*Wie oben*
die **Spin**ne,
*Mit den Fingern zappeln*
sie **klet**tert,
*Kletterbewegungen nach oben*
**husch**, **husch**,
*Mit Bewegung innehalten*
**schnell** hintern **Busch**.
*Hände hinterm Rücken verstecken*

Es **don**nert,
es **knat**tert,
der **Kä**fer,
der **flat**tert,
*Flugbewegungen mit den Armen*
**husch**, **husch**,
**schnell** hintern **Busch**.

Es **don**nert,
Es **win**det,
die **Schlan**ge
*Schlängelbewegungen mit Arm und Hand*
ver**schwin**det,
**husch**, **husch**,
**schnell** hintern **Busch**.

*Die Klanggeräusche in den Pausen können von den Kindern mitgemacht werden. Zusätzlich ist der Einsatz von Orff-Instrumenten möglich.*

## Vom Regenbogen
*Claudia Höly*

Fünf Farben schliefen dicht an dicht,
*Faust bilden*
da weckte sie das Sonnenlicht.
*Mit den Händen einen großen Kreis beschreiben*
Die erste Farbe wachte auf,
die zweite folgte gleich darauf.
Die dritte gähnte, streckte sich,
*Die Finger nacheinander strecken*
die vierte Farbe reckte sich.
Die fünfte Farbe stieg nach oben,
da gab es einen kleinen Bogen.
*Arme beschreiben einen Bogen*
Die sechste Farbe aber sprach:
*Den ersten Finger der andern Hand strecken*
„Nicht ohne mich! Ich komm noch nach!"
Weit schien ein Bogen übers Land,
*Arme beschreiben einen großen Bogen überm Kopf*
doch niemand hat ihn so erkannt.
Da kam der Regen aufgezogen
*Finger trommeln auf die Oberschenkel*
und zeigte uns den Regenbogen.
*Noch mal großen Bogen beschreiben*

*Sie können die Finger auch in den Farben des Regenbogens bemalen.*

## Der leuchtende Regenbogen

Drippel, droppel, Tröpfchen,
immer auf mein Köpfchen,
viele Wolken, komm und schau,
alles ist am Himmel grau.

Da auf einmal, was ist das?
Noch sind alle Wiesen nass.
Da kommt aus dem Wolkentor
strahlend hell die Sonne vor.

Und sie malt mit leichter Hand
die Farben auf die Regenwand.
Violett und gelb und blau,
rot, orange und grün – so schau!

Leuchtend ist der Regenbogen
über Feld und Wald gezogen.
Regenbogen, du bist schön,
ich will dich noch lange sehn.

Und verschwindest du vor mir,
bleibst du stehn auf dem Papier,
denn wir malen dich ganz bunt
groß gleich in den Vordergrund.

*Die Finger tippeln auf dem Kopf. Dann wird die große Sonne gezeigt. Mit einem imaginären Pinsel wird der Regenbogen in den Himmel gemalt. Danach können alle Kinder selbst einen bunten Regenbogen malen.*

## Was ich alles kann
*Wolfgang Hering*

## Wir stapfen durch den Schnee

Wir stapfen durch den Schnee
zur schönen Winterzeit.
*Die Hände patschen mit*
Wir finden einen Tannenbaum,
und der ist ganz verschneit.
*Die Arme hängen als Tannenzweige herunter*
Klingelingeling, klingelingeling,
*Ein Glöckchen läuten*
komm und steig mit ein.
Wir machen eine Schlittenfahrt
ins Weihnachtsland hinein.
*Die beiden Zeigefinger bilden die Schlittenkufen*
*und rutschen auf den Oberschenkeln*

Die Mütze zieh ich auf den Kopf,
und dann seitlich hinunter.
So bleiben auch bei scharfem Wind
die Ohren warm darunter.

Die dicke Jacke zieh ich an,
ein Arm und dann den andern.
Ich knöpf sie zu und kann damit
im Winter lange wandern.

Die großen, dicken Schuhe kann ich
ganz alleine schnüren.
So müssen meine Füße nicht
bei großer Kälte frieren.

In Handschuhe, da passen meine
Finger ganz fantastisch.
So bleiben sie schön mollig warm
und auch total elastisch.

*Die Aktionen werden von allen mitgemacht.*

# 11. Besonders zum Einschlafen empfohlen

## Fünf Kinder springen auf dem Bett

*Wolfgang Hering*

**Fünf** kleine **Kin**der **sprin**gen auf dem **Bett**,
**eins** hüpft da**neb**en auf das **Seiten**brett,
ver**staucht** sich seinen **Fuß** und **hum**pelt aus
der **Tür**.
**Wie** viel **Kin**der sind's? **Nun**, es sind noch **vier**!
**Vier** kleine **Kin**der **sprin**gen auf dem **Bett**,
zu **viert** jetzt hier zu**sam**men, das **ist** ja ein
Quar**tett**.
Ein **Kind** fällt auf die **Knie**, es **flüch**tet mit
Ge**schrei**.
**Wie** viel **Kin**der sind's? **Nun**, es sind noch **drei**!

**Drei** kleine **Kin**der **sprin**gen auf dem **Bett**,
**wie** ein Kleeblatt **hüp**fen sie, das **ist** doch rich-
tig **nett**.
Ein **Kind** stößt an die **Wand**, ver**schwin**det mit
„Au**wei**".
**Wie** viel **Kin**der sind's? **Nun**, es sind noch **zwei**!

**Zwei** kleine **Kin**der **sprin**gen auf dem **Bett**
und **wech**seln jetzt die **Plät**ze,
grad **so** wie im Du**ett**.
Eines muss mal **trin**ken, ent**fernt** sich ganz ge-
**schwind**.
**Wie** viel **Kin**der sind's? Es **ist** noch da ein **Kind**!

**Ein** kleines **Kind**, das **springt** noch auf dem
**Bett**
und **legt** ein kleines **Tänz**chen hin ge**konnt** hier
aufs Par**kett**.
Die **Mut**ter kommt mit **Keks**en, es **ruft** ganz
laut „Hurra",
und **alle** andern **Kin**der, die **sind** gleich wieder
**da**.

**Fünf** kleine **Kin**der, die **sind** wieder kom**plett**,
und **nach** dem Zähne**put**zen sind **alle** bald im
**Bett**.
„Ihr **habt** jetzt wirklich **lang** genug ganz **viel**
Radau ge**macht**.
Nun **ist** es Zeit zum **Schla**fen! Ich **wünsch** euch
Gute **Nacht**."

*Sie zeigen mit den Fingern die Kinder an, die
noch auf dem Bett hüpfen.*

# Die vier Sterne
*Wolfgang Hering*

Es blinken hell vier Sterne
dort oben in der Nacht
zu mir aus weiter Ferne
wie eine Zaubermacht.

Doch da verschwindet einer,
nur drei sind noch zu sehn.
Da, wo er war, ist keiner,
ich kann das nicht verstehn.

Und plötzlich hoch dort oben,
seh ich jetzt nur noch zwei.
Wer hat einen weggeschoben?
Das ist doch Zauberei.

Zwei blinken da seit Stunden,
ich schau sie an so gern.
Noch einer ist verschwunden,
es bleibt zurück ein Stern.

Wird der den Platz auch räumen,
wer hat dazu die Macht?
Ich glaub, ich will jetzt träumen
und sag mal „Gute Nacht."

*Am Anfang sind vier Finger zu sehen, die nach und nach verschwinden.*

## Berg und Zwerg

Hier ist ein Berg, und da ist ein Berg,
*Mit den Armen zwei Berggipfel links und rechts*
*in der Luft formen*
in jedem Berg, da wohnt ein Zwerg.
*Die Daumen spielen die beiden Zwerge*
Dazwischen steht ein Tannenbaum,
dort zeigt sich ein blauer Himmelsraum.
*Ein Arm wird zum Baum*
Das Zwerglein Munkepunk erwacht,
erscheint der Mond um Mitternacht.
*Die geöffnete Hand wird zum Halbmond*
Es schaut geschwind zum andern Berg,
sieh da, auch dort erwacht ein Zwerg.
Der Zwerg mit Namen Eckeneck,
guckt auch aus seinem Bergversteck.
Hier siehst du beide Zwerge nun,
was glaubst du, was die beiden tun?
Sie tanzen froh mit Schubidu,
*Beide Finger tanzen in der Luft*
der Silbermond sieht ihnen zu.
*Noch einmal den Mond zeigen*
Am Morgen geht der Mond nach Haus,
*Die Hand verschwindet hinter dem Rücken*
die Nacht und auch der Tanz sind aus.
Zuerst verschwindet Eckeneck
*Ein Daumen geht ab*
in seinem dunklen Bergversteck.
Dann schlüpft auch unser Munkepunk
in seine Höhle ohne Stunk.
*Der andere Daumen verschwindet*
Hier steht ein Berg, da steht ein Berg
in jedem schlummert nun ein Zwerg.
*Noch einmal beide Berge zeigen*

## Mein kleiner Finger soll schlafen gehn

*Wolfgang Hering*

Mein kleiner Finger soll schlafen gehn:
„Leg dich jetzt hin, das wäre nett."
Er aber ruft: „Ich bin noch nicht müd,
wer spielt mit mir, ich will nicht ins Bett."

Sein Bruder, der Daumen, ist älter und sagt:
„Mit Geduld kommst du sicher ans Ziel.
Lass dir was einfallen, dann schaust du mir zu.
Ich hab noch ein Supercomputerspiel."

Der Papa ruft laut: „Dahinten ist Schluss,
jetzt wird das Licht ausgemacht."
Die Mama kommt, deckt den Kleinen noch zu.
„Träum was ganz Schönes und Gute Nacht."

Der kleine Finger, der nickt und weiß,
nun ist wirklich für heute Ruh.
Nach ein paar Minuten schläft er ganz fest,
nur der Mond schaut durchs Fenster zu.

*Es treten auf: der kleine Finger, der Daumen*
*derselben Hand, der Mittelfinger der anderen*
*Hand als Papa und der Zeigefinger als Mama.*

## Der ist ins Wasser gefallen

Der ist ins Wasser gefallen.
Der hat ihn wieder rausgeholt.
Der hat ihn ins Bett gesteckt.
Der hat ihn zugedeckt,
und der kleine Wicht
hat ihn wieder aufgeweckt.

*Beginnen Sie mit dem Daumen.*

# Unser Kind will nicht ins Bett
*Wolfgang Hering*

Unser Kind will nicht ins Bett
und ist noch ganz schön munter.
Noch zappelt vieles da herum,
noch geht es rauf und runter.

Die große Decke ist das Meer,
die Nacht kommt angezogen.
Die Finger krabbeln hier als Krebs
flugs übern Ellenbogen.

Die Haare wuscheln da herum,
sind ein paar Meerespflanzen.
Man sieht sie jetzt im Dämmerschein
im Wasser richtig tanzen.

Die Zehen schauen da hervor,
wolln keinen Schnupfen kriegen.
Sie wandeln sich zu Felsen gleich
und bleiben ganz still liegen.

Das Näschen ist ein Wackelfisch
und schwankt jetzt noch und nöcher.
Es legt sich dann zum Schlafen hin.
Man sieht nur noch die Löcher.

Zu Muscheln werden die Ohren hier
und können richtig rauschen,
Sie liegen still im Mondenschein
und sind nur noch am Lauschen, schschsch …

*Für das Einschlafritual: Der Erwachsene berührt die jeweiligen Körperteile. Am Schluss leise Schlafgeräusche machen.*

# Hexe Pimpernelle

Kennt ihr schon die Hexenbraut
Pimpernelle Zwiebelkraut?
*Ein gekrümmter Zeigefinger wird zur Hexe*
Rückwärts kriecht sie aus dem Bett,
*Aus der flachen Hand*
schrubbt sich ab mit Stiefelfett,
kocht sich Seifenblasentee
*Mit einem Finger in der geöffneten Hand rühren*
und isst Scheuerlappen mit Gelee,
Zittergras und Fliegenkleckse.
Ja, das schmeckt der kleinen Hexe.
Doch das ist schon lange her,
Pimpernelle lebt nicht mehr.
Hat sich Erbsenbrei gemacht
und sich beim Kichern totgelacht. Hihihi …
*Laut und lange kichern, immer leiser werden*

# Die alte Henne

Man **sieht** die alten **Hen**nen,
**gluck**, gluck, **gluck**,
*Dreimal in die Hände klatschen*
hier **gern** im Hofe **ren**nen,
**gluck**, gluck, **gluck**.
*Wie oben usw.*
Die **ei**ne hat fünf **Kü**ken,
*Eine Hand zeigen*
**gluck**, gluck, **gluck**.
die **ih**re Körner **pie**ken,
**gluck**, gluck, **gluck**.

Am Abend kommt der **Hahn** nach Haus,
*Finger einer Hand formen den Hahnenkamm*
**ki**keri**ki**.
*Kamm dreimal rhythmisch vor und zurück
bewegen*
Er **schaut** ja heut ganz **müd**e aus,
**ki**keri**ki**.
*Wie oben usw.*
Er **hat** am Tag so **viel** zu tun,
**ki**keri**ki**.
Er **will** nun bei den **Sei**nen ruhn,
**ki**keri**ki**.

Am **Morg**en, wenn die **Son**ne lacht,
*Große Sonne zeigen*
**en**det dann die **dun**kle Nacht.
*Augen mit einer Hand bedecken*
Jetzt **weckt** er Mensch und **Vieh**
*Hand wegnehmen*
mit **lau**tem Kikeri**ki**.
*Alle dürfen kurz wie
ein Hahn krähen*

# Der Riese Timpetu
*Alwin Freudenberg*

Psst, ich weiß was, hört mal zu:
*Zeigefinger auf den Mund*
Kennt ihr den Riesen Timpetu?
*Arme hoch in die Luft strecken*
Der arme Wicht findet keine Ruh.
*Kopf auf die Handflächen legen*
Er hat in der Nacht
*Mit Daumen und Zeigefinger*
eine Maus verschluckt,
*Eine kleine Maus zeigen*
die sitzt im Bauch
*Hand auf den Bauch legen*
und kneift und druckt.
*hin und her bewegen*
Er läuft zum Doktor Isegrimm.
*Arme nach vorn strecken*

„Ach, Herr Doktor, mir geht's schlimm.
*Handflächen nach außen*
Ich hab in der Nacht ne Maus verschluckt,
*Wie oben*
die sitzt im Bauch und kneift und druckt."
Der Doktor ist ein kluger Mann,
man sieht's ihm an der Brille an.
*Zeigefinger und Daumen formen eine Brille*
„Wie? – Was?
Du hast in der Nacht ne Maus verschluckt,
*Wie oben*
die sitzt im Bauch und kneift und druckt?
Verschluck ne Miezekatz dazu,
*Dramatisch gestikulieren*
dann lässt die Maus dich auch in Ruh!"
*Mit den Händen abwinken*

*Das Stück des Autors Alwin Freudenberg (1873–
1930) lebt davon, dass die Bewegungen zur ver-
schluckten Maus mehrmals auftauchen und
dadurch ein Refraincharakter entsteht. Statt
„druckt", dem sauberen Reim, können sie auch
das korrekte Wort „drückt" sagen.*

# Fünf kleine Monster
*Wolfgang Hering*

Fünf kleine Monster,
die kommen in der Nacht.
Ich kenn sie ganz genau und weiß
wie jedes Faxen macht.

Eins hat sich dort im Schrank versteckt
und rumpelt schwer herum.
Es weckt mich mit Gemurmel
und lacht sich schief und krumm. Hohoho …

Das zweite sitzt am Fensterbrett,
wirft Schatten an die Wand.
Wie eine Hexe hüpft es da,
den Besen in der Hand. Hihihi …

Das dritte liegt gleich unterm Bett
hat Augen, giftig grün.
Es grunzt und will mich richtig fest
an meinen Haaren ziehn. Hehehe …

Ein viertes schleicht am Teppich lang
und schlurft und wimmert da.
Es heult herum ganz gruselig
und kommt mir richtig nah. Huhuhu …

Das fünfte ruft: „Habt keine Angst,
ihr könnt beruhigt sein.
Uns Monster gibt's doch alle nicht,
wir sind nur Träumerein." Hahaha …

*Sie fassen jeweils einen Finger an und versuchen,
die Monstertöne (mit allen Vokalen) möglichst
gruselig zu sprechen. Wenn das fünfte Gespenst
laut zu lachen beginnt, mit allen Fingern winken.*

# Meine Hand verwandelt sich
*Wolfgang Hering*

Meine Hand verwandelt sich
zu einem dicken Brei,
den kneten wir ganz kräftig,
was für ne Quälerei.
*Mit den Händen kneten*

Daraus wird dann schnell Glatteis,
*Eine Hand flach ausstrecken*
da flitz ich drauf herum.
*Mit zwei Fingern der anderen Hand rutschen*
Ich mache einen Luftsprung,
da klatscht das Publikum.

Und jetzt hab ich ein Pony
*Hand wird flach in die Luft gehalten*
mir einfach ausgedacht,
dem streichele ich das Fell
*Mit den Fingern der anderen Hand streicheln*
behutsam mit Bedacht.

Ich öffne eine Zeitung,
das interessiert mich sehr.
*Beide Hände halten die Zeitung*
Ich blättere sie dann um
und les noch sehr viel mehr.

Mein kleines Spielzeugauto,
hat einen Vorwärtsgang.
*Zwei Finger sausen über die Oberschenkel*
Wir brausen durch das Zimmer,
am Boden geht's entlang.

Ich werf mit einem Kissen,
und deines fang ich auf.
*Arme ausbreiten*
Ich leg kurz meine Backe
zum Mittagsschlaf darauf.
*Kopf auf die flache Hand betten*

Dann mache ich die Tür auf
*Türklinke mit der Hand umfassen*
und bin bereit zu gehn.
Ich sag euch noch für heute:

„Macht's gut, auf Wiedersehn."
*Alle winken*

*Denken Sie sich mit ihren Kindern andere Situationen und Gegenstände aus: In was können sich die Hände noch verwandeln? Zweite und vierte Zeile sollten sich reimen.*

## Fünf kleine Bücherwürmer

*Clara Hering/Wolfgang Hering*

Fünf kleine Bücherwürmer,
die suchten ein Quartier.
Sie trafen eine Leseratte,
da waren es noch vier.

Vier kleine Bücherwürmer
fraßen ein Buch zu Brei,
da wurde einem richtig schlecht,
da waren es noch drei.

Drei kleine Bücherwürmer
kamen zur Bücherei,
einer war auf einmal weg,
da waren es noch zwei.

Zwei kleine Bücherwürmer
sahen in ein Buch hinein.
Da klappte jemand den Deckel zu,
und einer blieb allein.

Ein kleiner Bücherwurm
bekam ganz großen Besuch,
lauter Kinder mit Lesespaß
und unterm Arm ein Buch.

*Eine Hand spielt die Bücherwür-
mer, von denen ein Finger nach
dem anderen verschwindet. Die
Finger der anderen Hand tauchen
als Kinder auf. Zum Schluss wird ein
Buch mit den Händen auf- und zugeklappt.*

## Zehn Finger gehen schlafen

1, 2, 3, 4, 5, 6, 7, 8, 9, 10.

Zehn Finger haben wir
an beiden Händen hier.

Seht, wie fröhlich sie sind,
sie spielen mit jedem Kind.

Beugen und strecken sich,
grüßen sich freundschaftlich.

Legen sich Hand in Hand,
und falten sich so gewandt.

Wollen nun nichts mehr tun,
nur noch im Bettchen ruhn.

# Was Riesen so machen

*Claudia Höly*

Das ist der Riese Spuck-aufs-Dach.
*Mit dem Daumen beginnen*
Das ist die Riesin Mach-gern-Krach.
*Zweiter Finger*
Das ist der Riese Groß-wie 'n-Baum.
*Dritter Finger*
Das ist die Riesin Wolkenklaun.
*Vierter Finger*

Bei Tage spucken sie aufs Dach.
*Die Hände zeigen ein spitzes Dach*
Bei Tage machen sie viel Krach.
*Fäuste ballen, Körper schütteln, mit Füßen
stampfen*
Bei Tage sind sie groß wie 'n Baum.
*Aufstehen, Arme nach oben strecken*
Bei Tage gehn sie Wolken klaun.
*„Wolken" aus der Luft holen, hinterm
Rücken verstecken*

Und abends dann im Mondenschein,
*Hände beschreiben Vollmond*
da zaubern sie sich klitzeklein:
*Abstand zwischen zwei Fingern zeigen*
„Hokus-Pokus-Schrumpelbein,
*Kreisbewegungen ausführen*
wir wollen klein wie Zwerge sein!"

Der Zauber klappt, sie werden klein
*In die Hocke gehen*
und kriechen in ihr Bett hinein.
*Hände gefaltet an die Wange halten*
Dort träumen sie den süßen Traum
von einem Schokoladenbaum.

Vollmilch, Nuss und Marzipan,
*An den Fingern abzählen*
sie fangen gleich zu knabbern an.
*Kaubewegungen*
So futtern sie die ganze Nacht,
und dann, dann sind sie aufgewacht.
*Sich räkeln und strecken*

„Hokus-Pokus-Streckebein,
*Kreisbewegungen ausführen*
wir wollen groß wie Riesen sein!"
Der Zauber klappt, sie werden groß,
*Aufstehen, Arme nach oben strecken*
dann geht die Arbeit wieder los.

# Die Sonne will nicht schlafen gehn

*Text/Musik: Wolfgang Hering*

Die Sonne sagt: „Ich will nicht schlafen gehn,
ich bleibe einfach am Himmel stehn."
Der Mond ruft: „He Sonne, mach dich aus dem Staub."
Da lacht sie: „Auf diesem Ohr, da bin ich taub!

||: Ich will nicht schlafen gehn." :||

Die Sterne piepsen: „Wir sind auch mal dran,
sonnenklar, dass man nicht immer scheinen kann."
Die Sonne brummt: „Das nehm ich glatt in Kauf,
auch wenn ihr sauer seid, heut bleib ich auf.

||: Ich will nicht schlafen gehn." :||

Die Nachteule kräht: „Das find ich gar nicht nett,
auch eine Sonne muss irgendwann ins Bett."
Doch die Sonne dreht noch mal richtig auf.
Sie blinkt und saust herum im Dauerlauf.

||: „Ich will nicht schlafen gehn." :||

Da gähnt die Sonne und strahlt nicht mehr toll,
Die Sterne rufen: „Wir haben die Nase voll!"
„O. K." sagt die Sonne, „mir fällt es nicht leicht,
ich bin müde jetzt, ich glaub, es reicht.

||: Ich muss jetzt schlafen gehn." :||

Da kommen aus der Ferne mit einem Affen-
zahn
Wolken zur Sonne angefahrn.
Sie legt sich dahinter zum Schlafen hin
und schlummert bald im Himmelbett mittendrin.

||: So kann sie schlafen gehn. :||

*Die Hände formen Sonne, Mond und Sterne
(fünf Fingerkuppen nach vorne gerichtet).*

# Zehenspiel

Das ist der dicke Onkel Klaus,
*Mit dem großen Zeh wackeln*
und der schaut aus dem Fenster raus.
*Der zweite Zeh wird bewegt*
Der hier wohnt gleich nebenan,
*Nächster Zeh*
sieh mal, wie der wackeln kann.
*Vierter Zeh*
Und das hier ist der kleine Hans,
*Der kleine Zeh*
lädt uns alle ein zum Tanz.
*Beide Füße des Kindes werden zum Tanzen
bewegt*

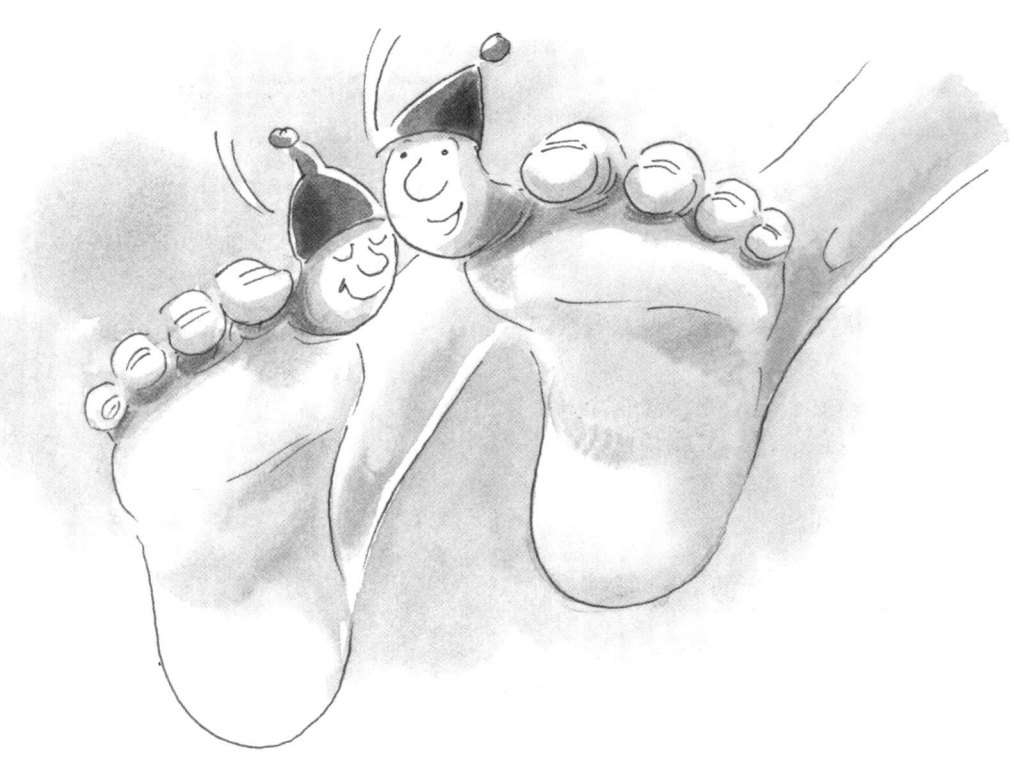

# 12. Die Klassiker

## Himpelchen und Pimpelchen

Himpelchen und Pimpelchen stiegen auf einen
hohen Berg.
Himpelchen war ein Heinzelmann,
und Pimpelchen war ein Zwerg.
Sie blieben lange dort oben sitzen
und wackelten mit ihren Zipfelmützen.
Doch nach 75 Wochen
sind sie in den Berg gekrochen.
Dort schliefen sie in guter Ruh,
nun seid fein still und hört gut zu.
Ch … ch … ch …ch … ch … ch … kikeriki.
Dann sagte das Himpelchen zum Pimpelchen:
„Weißt du was: Ich bau mir ein Haus!"
Und sie setzten Stein auf Stein und Stein
auf Stein.
Als das Häuschen fertig war,
sagte das Himpelchen zum Pimpelchen:
„Schau einmal, das Häuschen ist nicht ganz
gerade,
das ist aber schade!"
Da sagte das Pimpelchen zum Himpelchen:
„Das Häuschen ist ein wenig krumm,
das ist aber dumm."
Da kam der große Pustewind,
der pustete alles um geschwind.
Auf einmal rief er laut „Hurra,
Himpelchen und Pimpelchen sind wieder da."

*Von diesem traditionellen Fingerspiel gibt es
verschiedene Fassungen. Manchmal endet das
Stück schon nach dem Schnarchen.*

## Das ist der Stall

Die linke Hand, das ist der Stall,
Finger sind die Tiere all.
Unser dickes Däumelein
grunzt und ist ein kleines Schwein.
Zeigefinger ist das Pferd,
wird vom Reiter hoch verehrt.
Mittelfinger ist die Kuh,
hört nur, sie schreit „Muh, muh, muh."
Ringfinger ist der Ziegenbock
mit dem langen Zottelrock.
Und das kleine Fingerlein
soll mein kleines Schäfchen sein.
Tiere, Tiere, hopp, hopp, hopp,
laufen alle im Galopp,
laufen in den Stall hinein,
denn sie werden müde sein.

*Die geöffnete Hand ist der Stall. Mit den Fin-
gern der anderen Hand werden die Tiere vorgestellt: Dazu grunzt das Schwein, das Pferd
wiehert, die Kuh macht „Muh", die Ziege me-
ckert, das Schäfchen ruft leise „Mäh".*

## Die Baumeister

Der baut ein Haus,
der baut eine Brücke,
der baut einen Turm,
der baut ein Tor,
und der kleine Schelm
guckt da hervor.

*Beginnen Sie mit dem Daumen.*

## Geht ein Mann

Geht ein Mann die Treppe rauf.
*Finger wandern den Arm des Kindes hinauf*
Klingelingeling!
*Ohrläppchen schütteln*
Klopft da oben an.
*An die Stirn klopfen*
Guten Tag, Herr Nasemann!
*Nase leicht schütteln*

## Familie Maus

Das ist Papa-Maus,
*Daumen zeigen*
sieht wie alle Mäuse aus,
hat große Ohren,
*Mit den Händen große Ohren zeigen*
eine spitze Nase
*Fingerspitzen vor die Nase halten*
weiches Fell
*Mit der einen Hand die andere streicheln*
und einen Schwanz, der ist so lang.
*Mit den Händen einen Schwanz andeuten.*

Das ist Mama-Maus …
*Zeigefinger …*
Das ist Bruder-Maus …
*Mittelfinger …*
Das ist Schwester-Maus …
*Ringfinger …*
Das ist Baby-Maus,
*Kleiner Finger*
sieht nicht wie alle Mäuse aus,
hat kleine Ohren, eine platte Nase, strubbeliges
Fell
und einen Schwanz, der ist so kurz.
*Daumen und Zeigefinger zeigen kleine Spanne*

## Fünf Hunde hat der Franz

Fünf Hunde hat der Franz,
der erste wackelt mit dem Schwanz.
Der macht Wickelwackel,
das ist der kleine Dackel.
Und dieser große Brave,
der hütet gern die Schafe.
Und dieser hält in dunkler Nacht
vor unserm Hause gute Wacht.
Und dieser Klitzekleine
führt Fränzchen an der Leine.

*Führen Sie das Stück mit einer Hand aus, dann
zusätzlich auch mit der anderen.*

## Da hast nen Taler

Da hast nen Taler
geh auf den Markt,
kauf dir ne Kuh,
und ein Kälbchen dazu.
Das Kälbchen hat ein Schwänzchen,
dideldideldänzchen.

*Als Partnerspiel: Das Handinnere
des Kindes mit jeder Zeile
streicheln – zum Schluss
kitzeln.*

## Max und Moritz

Max und Moritz, diese beiden,
wollen sich für zehn Pfennig
eine Riesenbockwurst kaufen.
Für zehn Pfennig eine Riesenbockwurst? Das gibt es nicht!
Max und Moritz zanken sich.
Da kommt ein dicker Polizist,
steckt sie beide in die Kist'.
Max und Moritz gar nicht dumm,
drehn die Kiste einfach um.
Max und Moritz freuen sich,
das ist nicht mehr feierlich.

*Max und Moritz werden mit den Zeigefingern
gespielt. Die Polizistenrolle übernimmt der
Daumen. Die Beiden verschwinden dann in den
Fäusten und tauchen am Ende wieder auf.*

# Die Heinzelmännchen

1, 2, 3, 4, 5, 6, 7, 8, 9, 10,
zehn Heinzelmännchen heididei,
die tanzten um ein Osterei,
eins kroch in eine Scheune.
Da waren's nur noch neune.

1, 2, 3, 4, 5, 6, 7, 8, 9,
neun Heinzelmännchen, ei der Daus,
die kletterten aufs Nachbarhaus,
eins stürzt, sodass es kracht.
Da waren's nur noch acht.

1, 2, 3, 4, 5, 6, 7, 8,
acht Heinzelmännchen hoppsasa
besuchten ihre Großmama,
eins ist gleich dort geblieben.
Da waren's nur noch sieben.

1, 2, 3, 4, 5, 6, 7,
sieben Heinzelmännchen gingen bald
in einen großen Zauberwald,
eins fraß die böse Hex.
Da waren's nur noch sechs.

1, 2, 3, 4, 5, 6,
sechs Heinzelmännchen, welch ein Schreck,
die liefen 14 Stunden weg,
eins kam nicht durch die Sümpfe.
Da waren's nur noch fünfe.

1, 2, 3, 4, 5,
fünf Heinzelmännchen gingen froh
nach Hamburg in den großen Zoo,
das eine fraß ein Pantertier.
Da waren's nur noch vier.

1, 2, 3, 4,
vier Heinzelmännchen trafen dann
ein riesengroßes Krokodil,
eins machte schreckliches Geschrei.
Da waren's nur noch drei.

1, 2, 3,
drei Heinzelmännchen zankten sich
und prügelten sich jämmerlich,
eins ging gleich mausetot dabei.
Da waren's nur noch zwei.

1, 2,
zwei Heinzelmännchen hielten Schritt
und machten eine Großfahrt mit,
das eine kam grad bis nach Mainz.
Da blieb zurück nur eins.

1,
ein Heinzelmännchen, eididei,
tanzte um das Osterei,
pick, pick, da kroch ein Hühnchen raus,
nun ist das Märchen aus.

*Mit den Fingern wird die Anzahl der Heinzel-
männchen gezeigt.*

## Zwei Händchen und acht Fingerlein

Zwei Händchen und acht Fingerlein,
dazu zwei Omas, die Däumelein:
Sie haben sich lange nicht gesehn,
und woll'n einander besuchen gehn.
Wie sie zusammenkommen
sagen sie: „Willkommen!"
Sie zeigen sich, verneigen sich,
und schütteln ohne Ende
zum Gruße sich die Hände.

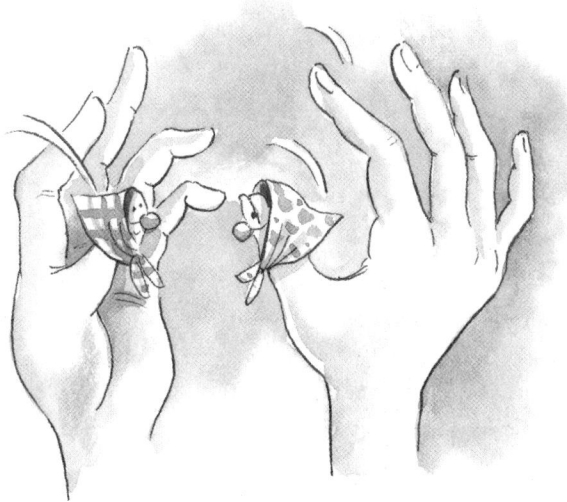

Erzählen sich gar mancherlei
vom Nestchen und vom Vogelei,
vom Täubchen und dem Taubenhaus,
da fliegen sie gern ein und aus,
und wie man auch mal angeln kann,
ein Fisch beißt da ganz sicher an,
dann von der Kugel und dem Ball,
von diesem und auch jenem Fall.
Doch was soll nach dem Erzählen geschehn?
Die Kinder sagen:
„Auf den Turm wollen wir gehn,

da ist es so schön, so schön, so schön,
da kann man in die Ferne sehn!"
Die Großmütter sagen:
„Wir bleiben zu Haus,
wir gehen lieber ins Kirchenhaus."
Die Kinder steigen den Turm hinan,
dass man sie kaum noch sehen kann.
Die Omas rufen: „Kommt runter doch,
da fallen sie in ein tiefes Loch."
Der Turm zerschlägt das Kirchenhaus,
die Großmütter kommen lebendig raus.
Und seht doch, ei, seht doch,
auch die Kinderlein leben noch.
Sie steigen heraus aus dem finsteren Loch.
Sie hüpfen und springen und danken fein.
„Achtsamer wollen wir künftig sein!"

*Dieses Stück geht im Original traurig aus. Die Finger beider Hände bewegen sich, wie im Text vorgegeben.*

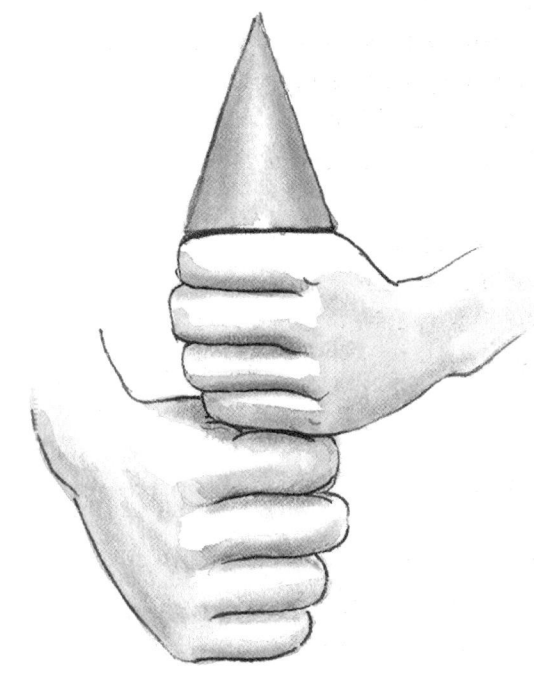

## Schweinchen Dick und Schweinchen Fett

Schweinchen Dick und Schweinchen Fett
bleiben heut allein zurück.
Hinterm Tore warten sie auf ihr Futter,
satt sind sie nie!
*Daumen nach oben als Schweinchen, Finger-*
*spitzen berühren sich als Tor*
Schweinchen Dick und Schweinchen Fett
recken sich ein ganzes Stück
an dem Tore in die Höh,
noch ist kein Futter da, oh weh.
*Fäuste nach oben bewegen*
Schweinchen Dick und Schweinchen Fett
ziehen traurig sich zurück.
*Finger verschwinden lassen*
Doch da öffnet sich das Tor,
und sie stürzen dann hervor.
*Hände mit den Fingerspitzen aneinander legen,*
*einen Spalt lassen und danach Fäuste machen,*
*aus denen die Daumen herausgucken*
Schweinchen Dick und Schweinchen Fett
in dem nächsten Augenblick
ziehn sie zur Futterwanne hin
und plumps, da liegen beide drin.
*Hände zu einer Schale formen, Daumen ver-*
*schwinden darin*

*Den alten Begriff „Trog" habe ich durch*
*„Futterwanne" ersetzt.*

## Kasperles Abenteuer

„Meine Damen, meine Herren,
mögt ihr alle den Kasper gern?"
*Rechter Daumen zeigt nach oben und bewegt*
*sich hin und her*
„Ich tanze lustig hin und her,
jetzt ruf ich euch den Seppel her. Seppel!"
*Der linke Daumen kommt hinzu*
Wir schlagen uns, und wir vertragen uns.
Wir machen manch lustigen Streich.
*Beide Daumen schlagen gegeneinander*
Jetzt ruf ich euch die Hexe gleich: ‚Hexe!"
„Ich bin die Hexe Höckerbein,
der Kasper soll verzaubert sein!"
*Rechter Daumen wird mit dem gekrümmten*
*Zeigefinger der linken Hand umkreist*
„Nein, nein, Hexe, da wird nichts draus,
ab mit dir ins Hexenhaus."
*Daumen schlägt auf den gekrümmten Zeigefin-*
*ger, der danach verschwindet*
Da kommt das große Krokodil,
mit großem Maul, das frisst sehr viel.
*Linke Hand klappt auf und zu*
Das hat sich leise hingeduckt

*Linke Hand ballt sich zusammen*
und hat den Kasper gleich verschluckt.
*Linke verschlingt den Daumen der rechten Hand*
Doch der Kasper, gar nicht faul,
dreht sich rückwärts aus dem Maul.
*Daumen dreht sich aus der Hand*
Jetzt geht es schlecht dem Krokodil,
marsch, hinunter an den Nil.
*Daumen schlägt nach der Hand, die verschwindet*
„Komm, Gretelein,
wir wollen uns des Lebens freun.
Wir tanzen lustig trallera,
jetzt sind wir beide nicht mehr da."

*Die Figuren werden mit den Fingern dargestellt. Das Stück lässt sich auch mit Fingerpuppen spielen.*

# Der Daumen Knuddeldick

Dies ist der Daumen Knuddeldick,
das sieht man auf den ersten Blick,
und macht das Kind ein Fäustchen,
kriecht Knuddeldick ins Häuschen.
*Faust bilden, Daumen darin verstecken*
Der Zeigefinger, der ist klug, der droht,
wenn irgendjemand Böses tut,
bringt unser Kind zum Lachen
beim Killekille-Machen.
*Den Zeigefinger krümmen*
Der dritte ist der größte hier,
viel länger als die andern vier.
Da kann er schön bewachen,
was seine Brüder machen.
*Auf den Mittelfinger zeigen*
Der vierte ist ein eitles Ding,
der trägt am liebsten einen Ring,
*Ring anstecken*
und schmückt er sich zum Feste,
denkt er, er wär der Beste.
Von allen Fingern kommt zum Schluss
der winzig kleine Pfiffikus.
Der wedelt mit dem Schwänzchen
beim frohen Fingertänzchen.
*Kleiner Finger wackelt*

## Die fünf Reiter

Fünf Reiter kommen geritten,
der erste reitet auf einem Pferd,
das ist ihm tausend Taler Wert.
Der zweite reitet auf einer Kuh,
die brüllt immer: „Muh, muh, muh!"
Der dritte macht sich richtig breit
auf einem Esel, der nur schreit.
Der vierte reitet auf einer Geiß
die macht: „Meck, meck!", wie jeder weiß.
Der fünfte reitet auf seinen Füßen,
und kann so gut die Reise genießen.

*Ein Klassiker für eine Hand. Dazu können Sie
die entsprechenden Geräusche machen.*

## Es war einmal ein Faden

Es war einmal ein Faden,
der lag da wie ein Strich
lange Zeit und langweilte sich.
Was tue ich?
Ich kringel und ringel mich.
Er ringelte sich zur Spirale,

und dann mit einem Male
machte er aus sich heraus
eine Schnecke mit einem Haus.
Gleich wurde was Neues gemacht,
heidewitzka eine Acht,
bald darauf eine Null,
eine kugelrunde Null,
dann noch, mit viel Geschick,
einen Fisch, ein Meisterstück.
Was kann ich jetzt noch sein,
dachte der Fisch, da fiel ihm ein:
Ich schlängele mich als Schlange,
wenn jemand kommt, dann wird ihm bange.
Dass jemand kommt,
darauf wartet er schon lange.

*Der Faden wird von einem Zeigefinger gespielt.*

# 13. Hinz und Kunz

## Fünf Murmeln

*Wolfgang Hering*

Fünf kleine Murmeln,
die liegen da ganz schlapp.
Mit Daumen und dem Finger,
da schieß ich eine ab.

Vier kleine Murmeln,
die drehn sich einwandfrei.
Eine rollt ganz einfach weg,
da waren es noch drei.
Drei kleine Murmeln,
die kuscheln jetzt zu dritt.
Da bläst ganz fest der Wind
und nimmt sich eine mit.

Zwei kleine Murmeln,
die rollen hier und dort.
Da kommt ein Vogel angehüpft
und fliegt mit einer fort.

Einer kleinen Murmel,
der geht's jetzt so lala.
Sie sucht nach ihren Freundinnen
und keine ist mehr da.

In einer Mulde kullert
sie etwas hin und her.
Da findet sie die andern
und freut sich umso mehr.

*Nach und nach verschwindet jeweils ein Finger
einer Hand. Am Ende zappeln alle durcheinander. Mit der anderen Hand und dem Mund werden die Aktionen angedeutet: schnippen, rollen,
blasen, Schnabel öffnen, Ausschau halten.*

## Nina und Bastian

Nina ist sehr stolz
*Einen Zeigefinger heben*
auf ihr Haus aus Holz.
*Mit den Händen ein Dach andeuten*
Der Bastian,
der schleicht sich an,
*Mit zwei Fingern über den Tisch laufen*
und rumpeldidatt
*Auf den Tisch klopfen*
ist alles platt.
Nina stürzt voll Ärger dann
*Beide Zeigefinger hochhalten*
sich auf den armen Bastian,
*Gekrümmte Finger bewegen sich aufeinander zu*
und beide rangeln, knuffen und raufen,
*Zeigefinger kämpfen*
bald sieht man nur noch einen Haufen.
Dann kullern sie gar durch den Dreck,
*Beide rollen auf dem Tisch hin und her*
doch plötzlich grinst der Bastian keck,
*Einen Zeigefinger hochhalten*
und schwuppdiwupp –
*Den anderen Zeigefinger dazu*
ist auch Ninas Ärger weg.
*Mit beiden Fingern wackeln*
Sie bauen beide gleich darauf,
das Haus gemeinsam wieder auf.

## Fünf Finger aus der ganzen Welt

Fünf Finger habe ich an einer Hand,
jedes Kind aus einem anderen Land.

Der kleine ist der Eskimo,
der lebt in seinem Iglu froh,
der Afrikaner braucht fast kein Gewand,
denn es ist heiß in seinem Land.
Der nächste kommt aus Amerika,
das ist der große, der lange da.
Gelb die Haut und die Füße klein,
das muss wohl ein Chinese sein.
Das bin ich, mein Land ist klein,
und ihr sollt meine Freunde sein!

*Fangen Sie mit dem kleinen Finger an, und berühren Sie dann nach und nach die anderen Finger.*

## Herr Lachtinen und Herr Würtinen

Das ist Herr Lachtinen,
*Rechter Daumen*
und das ist Herr Würtinen.
*Linker Daumen*
Beide wohnen in einem kleinen Holzhaus.
*Daumen verschwinden in den Fäusten, Geräusche dazu machen: quietsch, pfft und dong*
Zwischen ihren Häusern liegen drei Berge.
*Mit den Händen drei Berge in die Luft malen*
Die beiden haben so seltsame Namen, weil sie in Finnland leben.
An einem schönen Morgen beschließt Herr Lachtinen, seinen Freund zu besuchen.
*Mit dem Finger in der Luft dreimal Berg hinauf, Berg hinab. Geräusche dazu machen: quietsch, pfft und dong*
Es klopft ans Haus.
*Mit der Zungen schnalzen*
„Hallo, ist hier jemand?
Mein Freund scheint nicht zu Hause zu sein!
*Hand ans Ohr*
Ich probier es noch einmal.
*Mit der Zungen schnalzen*
Schade, dann gehe ich eben wieder nach Hause."
*Dreimal Berg hinauf, Berg hinab.*
Er geht in sein Haus.
*Geräusche dazu machen wie oben*
Sein Freund ist schon zu Hause. Er war nur früh am Morgen in den Wald gegangen, um Beeren zu sammeln. Da wurde er sehr müde und hatte sich schlafen gelegt und das Klopfen nicht gehört. Aber als er mittags aufgewacht ist, hat er eine Idee.
„Heute besuche ich meinen Freund.
*Geräusche einschließlich Klopfen wie oben*
Schade, dann gehe ich wieder nach Hause."
*Dreimal Berg hinauf, Berg hinab*
Er geht wieder nach Hause.

*Geräusche wie oben*
Aber die beiden haben nicht immer so viel
Pech.
Am nächsten Tag beschließen sie frühmorgens:
Heute besuche ich meinen Freund.
*Geräusche wie oben*
Sie treffen sich und vereinbaren, zu Herrn Wür-
tinen zu gehen und dort einen Beerenkuchen
zu essen.
Dort angekommen,
*Geräusche wie oben*
schmeckt es ihnen ganz vortrefflich.
*Schmatzen*

Ein Clown, der fährt noch Dreirad,
und gibt wohl zu viel Gas.
Verschwunden sind die Clowns jetzt,
vorbei der ganze Spaß.

Doch plötzlich kommen alle
in die Manege raus.
Es tobt der ganze Zirkus,
es gibt sehr viel Applaus.

*Sie spielen das Stück mit einer Hand. Nach und
nach verschwinden die Finger, und am Ende
tauchen alle wieder auf.*

# Fünf Clowns mit roter Nase
*Wolfgang Hering*

Fünf Clowns mit roter Nase,
die treten auf gleich hier.
Der erste stolpert furchtbar,
da waren's nur noch vier.

Vier Clowns mit roter Nase,
gehen aufs Trapez, juchhei.
Und einer springt daneben,
da waren es noch drei.

Drei Clowns mit roter Nase
mit Kaugummi dabei,
verschluckt sich einer mächtig,
da waren es noch zwei.

Zwei Clowns mit roter Nase,
die hauen sich ganz gemein.
Ein Schlag war wohl zu kräftig,
da blieb einer allein.

## Es steht im Wald ein Räuberhaus

Es steht im Wald ein Räuberhaus,
*Die Hände zeigen ein Dach*
da schauen fünf Wilde zum Fenster raus.
*Hand über die Augen halten und grimmig*
*schauen*
Hier ist der Räuber Kugelblitz,
*Den Daumen hochhalten*
daneben Räuber Weißvonnix,
*Zeigefinger*
da schaut Räuber Allzuschlau,
*Mittelfinger*
da guckt Räuber Machtradau.
*Ringfinger*
Und aus dem kleinsten Schlüsselloch,
*Daumen und Zeigefinger nahe beieinander*
*halten und hindurchschauen*
da ruft der fünfte: „Fang mich doch!"
*Mit dem kleinen Finger wackeln*

*Sie können den verschiedenen Rollen „gefähr-*
*liche" Stimmen verleihen.*

## Zwicke, zwacke

Zwicke, zwacke **Hühnerkacke**,
zwicke, zwacke **in** der **Backe**.
Zwicke, zwacke, eben**falls**
zwicke, zwacke **in** den **Hals**.
Zwicke, zwacke, **Großalarm**,
zwicke, zwacke, **in** den **Arm**.
Zwicke, zwacke, **Einbahnstraße**,
zwicke, zwacke **in** die **Nase**.
Zwicke, zwacke, **ganz** gewandt,
zwicke, zwacke, **in** die **Hand**.
Zwicke, zwacke, **Garten**schlauch.
zwicke, zwacke, **in** den **Bauch**.
Zwicke, zwacke, **Mes**ser, **Ga**bel
zwicke, zwacke, **in** den **Nabel**.
Zwicke, zwacke, **ganz** gemein
zwicke, zwacke **in** das **Bein**.
Zwicke, zwicke, **Kolibri**,
zwicke, zwacke **in** das **Knie**.

*Jeweils zweimal klatschen, dann an die entspre-*
*chenden Körperteile greifen. Auch als Partner-*
*spiel möglich.*

# Die Schere

Schaut, das ist jetzt meine Schere,
und wir schneiden schnipp, schnipp, schnapp
vom Papier die Ecken
einfach alle ab.
Dann schneide ich lange geradeaus,
dann schräg und schräg,
es kommt ein kleines Haus heraus.

*Zeige- und Mittelfinger bilden die Schere, die*
*dann geradeaus und schräg schneidet.*

## Spiel der Hände

*Text: Wolfgang Hering – Musik: Bernd Meyerholz*

Die Hän-de ha-ben sich ver-steckt

und las-sen sich nicht bli-cken. Sie sit-zen noch ganz

un-auf-fäl-lig hin-ten tief im Rü-cken.

Ei-ne Hand kommt lang-sam raus und fängt an sich zu drehn.

Sie winkt dann al-len kräf-tig zu: „Hal-

lo, könnt ihr mich sehn,——— könnt ihr mich sehn."———

Die Hände haben sich versteckt
und lassen sich nicht blicken.
Sie sitzen noch ganz unauffällig
hinten tief im Rücken.
Eine Hand kommt langsam raus
und fängt an sich zu drehn.
Sie winkt dann allen kräftig zu:
„Hallo, könnt ihr mich sehn,
könnt ihr mich sehn?"

Dann kommt die andre Hand heraus,
jetzt sieht man alle beide.
Ganz leicht berühren sie sich dann
und reiben sich vor Freude.
Wie durch ein Wunder gehn sie hoch,
der Wind, der macht sie munter.
Als bunte Blätter schweben sie
und fallen langsam runter,
langsam runter.

Die Hände gehen nun zum Kopf,
bis sie zum Ohr gelangen.
Sie ziehen einmal kurz daran,
betasten sanft die Wangen.
Sie fühlen plötzlich eine Wand,
für alle nicht zu sehen,
versuchen, an der Wand entlang
ganz sacht ein Stück zu gehn,
ein Stück zu gehn.

Die Hände klatschen sehr sehr zart,
und mischen ein paar Karten.
Sie malen in die Luft ein Haus,
mit Bäumen drin im Garten.,
Sie legen sich noch auf das Herz,
dann schwingen beide Hände
wie Scheibenwischer hin und her,
so lange bis zum Ende,
bis zum Ende.

*Die Spielanregungen werden mit den Händen entsprechend umgesetzt. Am Ende der Strophe lassen Sie ausreichend Zeit, damit die Bewegung ausgespielt werden kann. Am Anfang liegen die Hände auf dem Rücken. Dann taucht die erste Hand auf und setzt sich in Szene. Die andere Hand kommt in der zweiten Strophe hinzu. Schließlich bewegen sich beide als Scheibenwischer bis zum Ende des Liedes.*

## Die dürre Hexe Plitschplatschplum

Die dürre Hexe Plitschplatschplum
steigt im dicksten Dreck herum.
Am liebsten geht sie nach dem Regen
auf durchgeweichten Wanderwegen.
Wenn der Dreck so richtig spritzt,
freut die Hexe sich und flitzt
durch Pfützen, Moor und fetten Matsch,
durch Wasser, Schlamm und Kladderadatsch.
Der Dreck spritzt ihr auf Strümpfe und Kleid.
Ach, wie sich da die Hexe freut! Huuuh.

*Basteln Sie mit ihren Kindern einen kleinen Hexenkopf aus Pappmaschee und spielen danach das Stück.*

## Die fleißigen Fingerlein
*Wolfgang Hering*

Alle meine Fingerlein
wollen heute fleißig sein.

Der Daumen ist der Bäcker,
sein Kuchen schmeckt sehr lecker.

Der Zeigefinger läuft im Mist,
weil er doch unser Bauer ist.

Der Mittelfinger schaut und schaut
nach oben, er ist Astronaut.

Der Ringfinger setzt Stein auf Stein,
das kann doch nur der Maurer sein.

Der letzte ruft, oh nein, oh nein,
zum Arbeiten bin ich zu klein!

*Denken Sie sich andere Berufe aus.*

## Lied: Meine Hände gehen als Füße

*Text/Musik: Wolfgang Hering*

Mei-ne Hän-de gehn als Fü-ße, lau-fen ein-fach so da-hin. Sie be-
glei-ten uns ein Le-ben lang durch dick und auch durch dünn.

Meine Hände gehn als Füße,
laufen einfach so dahin.
Sie begleiten uns ein Leben lang
durch dick und auch durch dünn.

Strampeln erstmal bei den Babys,
einfach in die Luft hinein.
Kommen sie in kaltes Wasser,
fängt das Baby an zu schrein.

Und dann lernen sie das Laufen,
langsam geht das Schritt für Schritt.
Springen in den Kindergarten,
da kommt Mama kaum noch mit.

Und dann in der Schule rennen
sie ganz eilig los beim Sport,
werden größer mit den Schuhen,
wachsen weiter immerfort.

Ja, sie tanzen in der Disco,
das ist dann so richtig cool.
Und sie gehen gern zum Baden,
schwimmen durch den Swimmingpool.

Und sie lieben weiche Böden,
schreiten gern auf Moos im Wald.
Gehn sie mal durch Schlamm und Sümpfe,
finden sie dabei kaum Halt.

Ja, im Sommer in der Sonne
hüpfen sie auch übern Strand.
Dann am Meer über die Steine
oder durch den feinen Sand.

Manche Leute laufen schneller,
sind ganz fit im Dauerlauf.
Andre brauchen sehr viel länger,
wandern langsam nur bergauf.

Füße werden alt, sind müde,
kommen selten aus dem Haus.
Und sie legen sich mit Socken
gern mal hoch und ruhn sich aus.

*Die Grundidee besteht darin, die Hände als Fü-*
*ße zu gebrauchen. Entweder Sie sitzen mit Ihren*
*Kindern im Stuhlkreis oder auf dem Boden.*
*Dann versuchen Sie, die einzelnen Gangarten*
*und Aktionen umzusetzen.*

# Hinz und Kunz

*Wolfgang Hering*

Das ist Hinz,
und das ist Kunz.
Hinz ist kein Prinz,
und Kunz macht nicht Grunz.
Es sind grad zwei wie du und ich,
und wie's so kommt, sie streiten sich.
Ein jeder denkt nicht viel dabei,
es kommt zu einer Rauferei.
Das Friedlichsein fällt ihnen schwer,
dann zanken sie sich hin und her.
Wer kriegt das größte Kuchenstück,
wer geht nicht auf den Platz zurück.
Wer schreit herum die ganze Zeit
und ist zum Zuhörn nicht bereit.
Sie boxen hier, sie raufen da.
Die Tränen sind auch schon sehr nah.
Und weil das Ende kommen muss,
gibt's schließlich einen Friedensschluss.

*Nehmen Sie am besten die Zeigefinger, die sich
die ganze Zeit über balgen, bis sie zum Schluss
zärtlich die Fingerkuppen aneinander reiben.*

# Zwerg und Riese

Es war einmal ein kleiner Zwerg
*Kleinen Finger zeigen*
mit riesengroßen Ohren,
der wohnte in einem Zuckerberg
*Mit der anderen Hand darstellen*
mit kleinen goldnen Toren.
Da kam der Riese Nimmersatt
*Ein Arm*
und wollte den Berg probieren.
Der Zwerg kitzelte ihn glatt,
*Der kleine Finger kitzelt den Ellenbogen*
nun kann nichts mehr passieren.

# Der Zirkus Larifari

Der Zirkus Larifari
ist allen Kindern wohlbekannt
im großen, weiten Land.
*Arme und Hände sind das Zirkuszelt*
Hier geht es lustig zu,
besonders beim Clown Pepetu.
*Der linke Daumen ist der Clown, dazu Gri-
massen schneiden*
Er macht lauter lustige Sachen,
damit alle Kinder lachen.
Viele Tiere gibt es hier zu sehn.
*Alle Finger der linken Hand wackeln*
Löwen, Bären und auch ein Gnu
*Nacheinander den linken Daumen, den Zeige-
und den Mittelfinger zeigen und jeweils mit dem
rechten Zeigefinger berühren*
verzaubern die Kinder im Nu.
*Die rechte Hand beschreibt einen großen Bogen*

## Knulle und Knolle

Knulle und Knolle wickeln Wolle,
rolle, rolle, eine große Knollwolle,
*Die Hände umkreisen sich*
riesengroß rollen sie drauflos.
*Weit ausholende Bewegungen machen*
Knulle und Knolle geben der Knollwolle einen
Stoß.
*Ein kleiner Boxschlag*
Sie rollt und rollt weit weg.
Knulle und Knolle schauen hinterher.
*Hand über die Augen halten*
Sie sehen sie nicht mehr.
Da sagt Knulle zu Knolle:
„Wir haben Glück, das Ende des Fadens blieb
hier liegen,
das werden wir schon kriegen."
Knulle und Knolle wickeln Wolle,
rolle, rolle, eine große Knollwolle.
*Eine Faust wird von der anderen Hand um-*
*wickelt*
Rolle, rolle, eine riesengroße Knollwolle,
*Mit den Händen weit ausholen*
riesengroß rollen sie drauflos.
Knulle und Knolle legen die Knollwolle in den
Schrank,
Gott sei Dank.
Sie schließen ihn fest zu
und haben nun Ruh.

## Kommando

Binki!
*Mit den Fingerspitzen auf dem Tisch trommeln*
Dalli!
*Die Fingernägel aneinander reiben*
Rücki
*Mit dem Handrücken auf den Tisch schlagen*
Platti!
*Mit der flachen Hand auf den Tisch patschen*
Fausti!
*Mit den geballten Fäusten trommeln*
Flieger!
*Wie ein Flugzeug brummen und heulen*
Ferrari
*Rennwagen-Geräusche machen*
Elli!
*Mit den Ellenbogen vorsichtig auf den Tisch*
*klopfen*
Ruhe!
*Den Kopf in die Hände legen*

*Spannend wird es, wenn die Kommandos will-*
*kürlich gerufen werden. Das Kind, das falsch re-*
*agiert, scheidet aus (ähnlich wie bei „Alle Vögel*
*fliegen hoch"). Weitere mögliche Kommandos*
*sind z. B.: mit der Zunge schnalzen oder mit den*
*Fingerknöcheln trommeln.*

## Lied: Ein ganz besonderes Haus ⊚

*Text/Musik: Wolfgang Hering*

Seht her,— hier ist ein Häus- chen, ein ganz be-son-dres Haus mit

Dach— und vie-len Wän-den, wer kommt da wohl he - raus?

Seht her, hier ist ein Häuschen,
ein ganz besonderes Haus
mit Dach und vielen Wänden,
wer kommt da wohl heraus?

Die kleinen Leute sitzen
zusammen oft im Kreis.
Es geht dort ganz schön laut zu,
sag nichts, wer es schon weiß.

Es gibt auch einen Turnsaal,
mit sehr viel Spielgerät.
Musik läuft da zum Tanzen,
im Kreis wird sich gedreht.

Das Haus hat einen Garten,
zum Spielen ist viel Platz.
Es saust um einen Baum rum
so mancher kleine Fratz.

Im Haus sind viele Kinder,
die holt man ab zumeist.
Jetzt ratet, wie das Haus wohl
im Allgemeinen heißt.

*Begleiten Sie die Aktionen mit Gesten, und lassen Sie die Kinder am Ende raten, dass es um einen Kindergarten geht.*

# Anhang

## Literatur

Brucker, Bernd: Fingerspiele, München 2004 (Heyne)

Cratzius, Barbara: Noch mehr Fingerspiele und andere Kinkerlitzchen, Reinbek 2000[8] (rororo 18574)

Diepmann, Rita: Die fantastischen Fünf, München 1999 (Don Bosco)

Hering, Wolfgang: Bewegungslieder. Reinbek 2005[8] (rororo 61701)

Hering, Wolfgang/Jekic, Angelika: Musik mit den ganz Kleinen, Reinbek 2003 (rororo 61718)

Hering, Wolfgang: Aquaka della oma. 88 alte und neue Klatsch- und Klanggeschichten, Münster 2005[5] (Ökotopia)

Hering, Wolfgang: Kunterbunte Bewegungshits, Münster 2006[3] (Ökotopia)

Hering, Wolfgang: Bewegungshits von Moskau bis Marokko, Münster 2006 (Ökotopia)

Hohenstein, Alexandra von: Fingerspiele für Kuschelkinder, München 1994 (Südwest)

Lorenz, Thilde: AllerHand – 66 rhythmische Hand- und Fingerspiele, Boppard 1995 (Fidula)

Knister: Frühling, Spiele, Herbst und Lieder, Ravensburg 1987 (Ravensburger)

Kohlhepp, Bernd: Lustige Fingerspiele für Klein und Groß, München 1998 (Kösel)

Kreusch-Jacob: Finger spielen – Hände tanzen, München 1997 (Don Bosco)

Pausewang, Elfriede: Die Unzertrennlichen – das Fingerspiele-Buch, München 1999 (Don Bosco)

Pousset, Raimund: Fingerspiele und andere Kinkerlitzchen, Reinbek 2005[23] (rororo 60641)

Singer, Waltraut/Schirmer, Erika: Der neue Daumen Knudeldick, Ravensburg 1993 (Ravensburger)

# Workshop- und Konzertangebote

## 1. LIVEKONZERTE FÜR KINDER

Für verschiedene Altersgruppen – entweder ab 2 oder ab 4 Jahre – werden von Wolfgang Hering Livekonzerte angeboten. Die Kinder erhalten immer wieder Möglichkeiten auf und vor der Bühne mitzuwirken. Bei den kleinen Kindern werden die Eltern einbezogen. Möglich ist ein Schwerpunkt „Bewegungshits von Moskau bis Marokko". Bunte Mitmachprogramme mit vielen neuen Kinderhits.

## 2. WORKSHOPS & FORTBILDUNGEN

Mit verschiedenen Schwerpunkten bietet Wolfgang Hering Erzieherinnen und Lehrern Fortbildungen und Workshops an, z. B.
– Sprechstücke und Songs zum Mitmachen zu verschiedenen
   Themen (z. B. Winter, oder Sommer)
– Bewegungslieder und Musikspiele
– Rhythmische Spielideen, Geschichten zum Mitmachen,
   Bewegungsgedichte und Fingerspiele
– Klatsch- und Klanggeschichten mit und ohne Instrumente
– Kinderlieder und Bewegungsspiele aus vielen Ländern

## 3. KONZERTE FÜR KINDER IM GRUNDSCHULALTER

Im Mittelpunkt dieses Programms stehen poppige Kinderlieder mit witzigen Texten und vielen Möglichkeiten zum Mitmachen für Kinder im Grundschulalter. Meist gibt es zwei Konzertangebote: einmal für 1. / 2. Schuljahr und dann für den 3. und 4. Jahrgang.

## 4. Trio KUNTERBUNT & Verstärkung

Seit 1980 schreiben, singen und spielen Wolfgang Hering und Bernd Meyerholz zusammen und produzieren Lieder für Kinderkassetten und CDs, für Bücher und Hörspiele. 1984 kam Schlagzeuger Bernhard Hering dazu: das Trio KUNTERBUNT war geboren. Mittlerweile spielt die Gruppe in verschiedenen Besetzungen, je nach Aufwand und Größenordnung der Veranstaltung. In der Vorweihnachtszeit gibt es das Programm: „Auf die Plätzchen, fertig, los".

## 6. SEMINAR- UND WORKSHOPANGEBOTE FÜR DIE ÄLTEREN

Im Rahmen z. B. von Ferienspielaktionen oder Freizeiten, bzw. Klassenstufen an weiterführenden Schulen können Projektangebote im spiel- und musikpädagogischen Bereich für Ältere abgesprochen werden.

**Kontakt:** *Büro Wolfgang Hering,* Walther-Rathenau-Str. 39, 64521 Groß-Gerau
Tel.: (0 61 52) 79 04, E-Mail: wolfhering@aol.com
Internet: www.wolfganghering.de (mit vielen Infos, Terminplan und Gästebuch)
Shop: www.wolfganghering-shop.de

# Register der Fingerspiele und Lieder

Die Titel sind alphabetisch geordnet. Beim bestimmtem Artikel „Der, Die, Das" wird nach dem folgenden Wort eingeordnet.

## CD-Index

## Autor und Illustratorin

*Wolfgang Hering,* Diplom-Pädagoge und Musiker, ist freiberuflich im musik- und sozialpädagogischen Bereich tätig und Mitglied der bekannten Musikgruppe „Trio KUNTERBUNT". Solokonzerte mit verschiedenen Bühnenprogrammen, Dozent an Fortbildungseinrichtungen, Referententätigkeit und Fachberatung / Fortbildung u. a. für Kindergärten, Familienbildung, Kinderturnen, themenorientierte Projekte z. B. für Krankenkassen und Deutscher Turnerbund. Beliebt sind auch Kombinationen aus thematisch orientierten Workshops und Konzert. Seine Bücher und CDs erscheinen in verschiedenen Verlagen.

*Kasia Sander,* geboren in Gdynia (Polen), Studium an der Kunstakademie Gdansk (Danzig), 1986 Übersiedlung nach Deutschland und Grafik-Design-Studium in Münster. Freiberufliche Buchillustratorin für Schul- und Kinderbuchverlage, Karikaturistin und Comiczeichnerin für Tageszeitungen sowie Designerin in der Modebranche. Teilnahme an mehreren Ausstellungen mit den Schwerpunkten Grafik, Zeichnung und Karikatur.

...und dazu der Tonträger von Wolfgang Hering:

# KUNTERBUNTE FINGERSPIEL-LIEDER

Pfiffige Bewegungslieder, die sich alle um die Hände drehen, sind auf dieser Fingerspiel-CD zu finden.

Die Finger als fünf Fledermäuse, fauler Frosch, Schneemann und Schneefrau treten auf. Die Finger gehen auf Reisen, der Daumen wird begrüßt und zu einem munteren Drachentanz eingeladen. Es folgt ein spaßiges Geburtstagslied, und auf eine bretonische Melodie tanzt Maxi mit seinen beiden (Finger-)Beinen. Die „Hand auf Wanderschaft" und die „Hände als Füße" sind eigene Bewegungsideen, die jede Kindergruppe garantiert auf Trab bringen.

Das Rätsellied von einem ganz besonderen Haus, „Die Sonne will nicht schlafen gehen" und das Wetterlied „Schrubbi schrubb" runden die liebevoll arrangierte Produktion ab.

Die Musiker des Mainzer Tonstudios KLANG-RAUM, die auch durch ihre Filmmusiken bekannt geworden sind, haben die Stücke abwechslungsreich instrumentiert.

Für Eltern-Kind-Gruppen, Kinderturnen, Familien, Musikgarten, Kindergarten, Anfangsunterricht der Grundschule, für die psycho-motorische Praxis, Sprachförderung und Musikschule.

ISBN: 3-936286-99-X
ISBN: 978-3-936286-99-1

---

# Kinder begeistern ...
## mit Liedern, Tänzen und Geschichten aus dem Ökotopia Verlag

**Michi Vogdt**
**Helau, Alaaf und gute Stimmung**

Närrische Tanz- und Feierlieder zum Mitsingen und Austoben für kleine und große Jecken

Eine lustige Zusammenstellung für Karnevalspartys aller Art. Vom Mitmach-Marsch über Samba bis zum Alpen-Rap sind diese närrischen Songs eine echte Fundgrube.

ISBN (CD): 3-936286-32-9 · ISBN (Buch): 3-936286-31-0

**Rolf Zuckowski**
**Feste feiern rund um die Jahresuhr**

16 Gute Laune Lieder für alle Jahreszeiten

Eine bunte Zusammenstellung der beliebtesten Hits von Rolf Zuckowski zum Mitsingen und Mitmachen

ISBN (CD): 3-936286-69-8 · ISBN (Buch): 3-936286-68-X

**Hartmut E. Höfele**
**Lichterfeste**

Stimmungsvolle Lieder und Geschichten zum Mitsingen, Zuhören, Tanzen und Feiern in der Lichterzeit

Eine Mischung aus traditionellen Laternenlauf-Liedern und neuen Kompositionen und Geschichten rund um das Licht.

ISBN (CD): 3-936286-67-1 · ISBN (Buch): 3-936286-66-3

**Hartmut E. Höfele**
**Feuerwerk und Funkentanz**

Stimmungsvolle Lieder, Tänze und Geschichten rund ums Thema Feuer

Die Titel animieren zum Mitsingen und sorgen beim gemeinschaftlichen Lagerfeuer für Stimmung.

ISBN (CD): 3-931902-86-2 · ISBN (Buch): 3-931902-85-4

**Michi Vogdt**
**Hallo Halloween**

Lustig-schaurige Lieder zum Gruseln und Mittanzen

Mit ebenso humorvollen wie gruseligen Liedern und kurzen Infotexten vermittelt die CD neben Klamauk und Feierspaß viel Wissenswertes rund um das Halloween-Fest.

ISBN (CD): 3-936286-28-0 · ISBN (Buch): 3-936286-27-2

**ERDENKINDER KINDERWALDCHOR**
**Unmada M. Kindel**
**Wunderwasser**

Starke Lieder und Tänze aus dem Kinderwald

Die Melodien und Rhythmen fordern auf zum Tanz, aber auch zum Träumen und Innehalten.

ISBN (CD): 3-931902-66-8 · ISBN (Buch): 3-931902-65-X

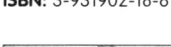